マーケティング ZEN

宍戸幹央　田中森士

禅

MARKETING ZEN

日本経済新聞出版

はじめに

2013年春、都内のある企業で、入社3年目の社員を対象にした研修会が開かれていた。講師を務めるのは、研修を専門とする企業から派遣されてきた30代の男性。身長180センチ超のすらりとした体型にスーツをまとい、顔はやや日に焼けている。淡々とした口調で、どこか達観した雰囲気が漂っている。研修のテーマはリーダーシップ。男性はしきりに「みなさんが人生の主人公なのです」と口にした。ある参加者は、「主人公」という単語が頭に残った。禅語であると知ることになるのは、ずいぶん先の話だ。

男性の名は宍戸幹央。ある参加者とは田中森士。本書の共著者だ。

その後、田中は会社を辞め、2015年にコンテンツマーケティングのコンサルティング会社を立ち上げる。多くの人が生きづらいと感じる世の中をなんとかしたいと、ボランティアで大学生向けのキャリア教育のイベントを企画。本業では、一貫してパーパスの重要性を説いた。宍戸は2017年、マインドフルネスを企業・教育・福祉・行政の現場に展開・支援することなどを目的とした会社を立ち上げた。その頃から、宍戸と田中は定期的に会うようになった。同年、宍戸は禅とマインドフルネスの国際イベント「Zen2・0」の共同発起人にもなっている。Zen2・0を運営する中で、宍戸は当初の想定以上にビジネス界から多くの人が参加してくれていることに驚いた。起業した頃とは比較にならないほど、宍戸に寄せられる相談は増え、また内容も多様化していた。宍戸はビジネス界が禅とマインドフルネスを求めていることを強く感じた。

一方の田中も、セミナーやコンサルティングを進める中で、「もうけたい」「組織を大きくしたい」といった要望に違和感を覚えることがあった。そんな中、取材で訪れた東南アジアのリゾート地において、回収を待つ大量のゴミが砂浜に積み上がっているのを見た。「やっぱり何かがおかしい」。大量生産・大量消費を前提とする企業活動に疑問を抱くようになった。もう、そんな時代じゃない。消費者も買い物の意味を問い始めている。

近年、パーパスに基づいて意思決定をしたり行動をしたりすることが、ビジネスにおいて重要であると叫ばれるようになった。しかし、事業者側の意識は追いついていない。お金のみに意識が向いてしまえば、ビジネスもマーケティングも誤った方向に進んでしまう。とはいえ「成長させることが当然」という固定観念を変えることは、そうたやすいことではない。どうすればいいのだろう。

新しい価値観やビジネス、マーケティングのあり方を提示する必要がある。宍戸と田中がそう導き出すのにそれほど時間はかからなかった。2人は対面での議論を重ねた。次第に輪郭が見えてきた。自分と向き合い、本当の自分と出会う。規模の拡大を追い求めずに、調和を意識する。ヒントは禅やマインドフルネスにある。マーケティングの新しいあり方を提示することが、自分たちの使命だ。思いを共にした2人は、動き出した。

本書は、「マーケティングZEN」というマーケティングの新たな枠組みを提示するものである。世界の政財界のリーダーが集うダボス会議で「グレートリセット」が提言され、資本主義の限界が指摘される中で、複雑化、高度化したマーケティング手法は壁にぶつかっている。世界の企業は「顧客体験向上」の名の下に、消費者の行動履歴をデータ化し、囲い込みを図ろうとしてきた。結果的に消費者の関心を過度に集め、不安をあおり、思考を奪うマーケティングを生んだ。決して顧客本位とはいえない。消費者にとっても企業にとっても、精神的なストレスは高まるばかりである。

一方で、ウェブ上の利用者履歴を追跡する「サード・パーティー・クッキー」が規制され、ターゲティング広告の見直しが始まっている。また、ユーザーインターフェース（UI）などのデザインで顧客の行動を操る「ダークパターン」にも批判が集まる。企業にはマーケティング戦略の再構築が求められている。

こうした環境下で力を発揮するのが、マーケティングや経営における「禅的アプローチ」である。私たちはこれをマーケティングZENと名づけた。詳しくは本文中で述べるが、マーケティングZENでは、自分の内側の声に耳を傾け、自分のつとめを見つけていく。また、規模の拡大を追い求めずに、持続可能な環境・関係を意識する。これまでの成長ありきのマーケティング手法とは、一線を画すアプローチである。

欧米のマーケティング業界は禅にヒントを見出そうとしている。2021年、世界のマーケティング関係者が集うワールド　マーケティング　フォーラム（「人間性のためのテクノロジー：幸福のためのマーケティング」アジア・マーケティング連盟主催、日本マーケティング協会ほか共催）が神奈川県鎌倉市の建長寺で開催され、〝マーケティングの父〟フィリップ・コトラーもオンライン出演した。コトラー自身も『コトラーのマーケティング5・0』で「自己超越」を訴えるなど、新たな枠組みのマーケティングを提唱し始めている。

マーケティングZENは、ビジネスの世界に「人間性」を取り戻すことにもつながる。メールマガジンにブログ、プロモーションビデオ、広告。企業はあらゆるコンテンツを消費者に届けようと努力している。しかし、テクノロジーの発達に伴い、味のあるコンテンツが減り、無機質なコンテンツが増えた。別の言い方をすると、ビジネスから人間性が失われつつあるのだ。

なぜか。本来、近かったはずの企業と消費者の距離が、大きく開いたことが遠因としてある。行き過ぎた資本主義経済により、消費者は企業に不信感を抱き、関係性が希薄となってしまった。両者の間に、大きな溝が生じているのである。

マーケティングZENによって自社と他者との境界線を消していくことで、こうした状況を改善できる。本来の顧客主義に戻り、企業活動や地球環境に循環と持続性をもたらす。すなわち、これはSDGsの実践でもある。

何が書かれているのか?

本書は、マーケティングZENの概要や、今求められている理由、事例について、禅およびマインドフルネス、そしてマーケティングを専門とする2人が解説するものである。

本書の構成は以下の通りである。第1章では、マーケティングZENの基礎についてまとめた。第2章では、マーケティングZENが今の時代に必要な理由について論じている。第3章~第7章は、マーケティングZEN導入のステップを解説している。第8章では、マーケティングZENで重要な「調和」という視点を提示する。第9章では、マーケティングZENを完成させる「時間軸」について述べる。

誰に向けて書いたのか?

本書は、30~50代のビジネスパーソンに向けて書いた。マーケティング担当者や経営層のみを対象とすることも検討したが、マーケティングZENの考え方は、人間が幸福を感じながら生きるためのヒントともなり得るものだ。また、シンプルに考えること、持続可能性に配慮すること、手放すことなど、ビジネス全般に応用できるメソッドともいえる。これらの考えから、あえて対象を広く取った。もちろん、対象に当てはまらない方にとっても、有益な内容となっている。

何が得られるのか？

本書を最後まで読み終えた時、読者はやるべきことが明確になっているだろう。複雑化する社会にあって、あらゆるものを手放し、シンプルに仕事を進められるマーケティングZENの考えは、現代人をストレスから解き放つ。パーパスを大切にする姿勢は、幸福度を高める。自他非分離の精神は、企業にESG（環境・社会・ガバナンス）の視点をもたらす。Z世代を含め、企業がターゲットとする顧客層と、深くつながるためのヒントが得られる。

本書で言いたいことは何か？

自分のつとめに専念する。シンプル・イズ・ベスト。パーパスを感じながら意思決定しよう。循環型社会の実現とビジネスの成功は共存し得る。

日本、そして世界の行く末を悲観する論が目立つ昨今、マーケティングZENは人類を救う存在となる。

（本書内の敬称は省略しました）

マーケティングZEN　目次

第3章
己を見つめよう――ブランドの立ち位置を明確にする

第1章

マーケティングZEN とは何か

マーケティングZENを定義する

マーケティングZENとは、これまでのビジネスのあり方を見直し、無駄を削ぎ落とすことなどを通して、持続可能なビジネスを実現し、同時に全体の幸福を願うマーケティングアプローチである。

マーケティングZEN導入のステップは以下の通りだ。

① 己を見つめる
② 手放してビジネスモデルをスリムにする
③ ビジネスの適切なサイズを探す
④ マーケティング施策を絞る
⑤ 顧客との関係性を整える

まず、①己を見つめる。ブランドの立ち位置を明確にする作業を意味する。②手放してビジネスモデルをスリムにする。肥大化、複雑化しがちなビジネスモデルのスリム化を指す。③ビジネスの適切なサイズを探す。規模の拡大を目的とせず、持続可能なビジネスのサイズを探る。④マーケティング施策を絞る。マーケティングの無駄を省き、特定の施策に注力する。⑤顧客との関係性を整える。パーパスを共有できる関係性構築を目指す。

通常、マーケティング戦略を立てる場合、後述するペルソナ設定とカスタマージャーニーマップの作成が柱となる。しかし、マーケティングZENの場合、「自分たちが何者なのか」という問いから入る。また、あえてビジネスの柱を限定する。マーケティング施策の無駄打ちはせず、重要施策に注力する。拡大路線に陥りがちな資本主義経済から距離を取り、全体の幸福、より良い社会の構築を目指す。

ZENの持つ意味

「ZEN」は「禅」に由来する。だが、ZENが持つ意味は、禅よりも限定的だ。

無駄のないシンプルなプレゼンテーション用資料のデザイン方法を紹介した『プレゼンテーションZen』[1]には、欧米人がZENに抱くイメージが如実に表れている。十分な余白を確保し、色数も限定的、無駄のないシンプルなデザインは、聴衆のストレスを軽減する。「こんまり」の愛称で知られる近藤麻理恵は、『人生がときめく片づけの魔法』[2]で、片づけによって「人生で何が必要で何がいらないか、何をやるべきで何をやめるべきか」[3]がはっきりとわかるようになると指摘する。無駄を省いて本当に大切なものだけを残そうというメッセージが伝わってくる。台湾・華碩電脳（ASUS、エイスース）のスマートフォン「Zenfone」をはじめ、「ZEN」と名の付く海外製品は、いずれもシンプルなデザインと高い機能性を兼ね備えている。無駄を省き、本質を浮かび上がらせるというニュアンスが、ZENには含まれるのだ。

米国版アマゾンで「ZEN」を検索してみる。目立つのは「ゼン・ガーデン・キット」、すなわち机の上などの小さなスペースで楽しめる枯山水キットである。枯山水とは、一般に東山時代に起こった、独立した水のない庭を指す。[4] 京都の寺院で目にしたことのある方も多いだろう。余計なものを置かず、簡素化、単純化を追い求めているように見える。

枯山水キットには、砂紋を描くためのレーキ（熊手）や石、砂が含まれる。余白を十分に取り、石を配置する。そしてレーキで砂紋を描いていく。この過程では無心になれる。簡素、単純、無心。欧米人からすると、ZENにはこういったイメージもあるようだ。

禅とは何か

マーケティングZENは、禅の思想に学んでいる部分が大きい。そこで禅とは何かについて見ていきたい。

妙心寺退蔵院副住職の松山大耕は『ビジネスZEN入門[5]』で、禅を「単に知識を得るだけではなく、とにかく実践を重んじる」ものであると表現する。『禅宗小事典』[6]は、禅宗が目指すのは「現実に生きていく中で釈尊の悟りを追体験し、今の自己自身の中に仏を見出すこと」と説明している。

イトーキ会長の山田匡通は『マインドフィットネス入門』[7]で、禅を「仏教の創始者である釈迦牟尼仏陀が修行したその修行法」と解説する。岡倉天心（本名、岡倉覚三）も『茶の本』[8]で、禅は梵語の「禅那」から出た名称であり、瞑想を意味すると説明。ひたすら瞑想することで「自性了解《じしょうりょうげ》に達することができる」と述べている。木村太邦（祥福寺住職を経て現・龍門寺住職）は『坐禅に問う』[9]の中で、自分とは何かを坐禅に問うのが禅であると説いている。

これらを見る限りにおいて、禅自体が実践を意味する。他方、禅の教えは実践でしか伝えられないともいえるため、言葉で理解しようとすると困難を極める。

事実、作家の井上ひさしは、道元禅師の言葉を「チンプンカンプン」と表現している。[10]井上が「読解不能の難文字」とする文章は、井上をもってしても理解が難しかった。そこで井上は、道元が言葉の壁にぶつかったのではないか、という仮説を立てる。道元は、禅による複雑な内的体験、つまり自分の心の中で起きた「精神の劇」を書こうとした。これを既存の大雑把な言葉で表現することは困難だったであろうと井上は推察する。

モノを手放し、目的を持たずにひたすら瞑想や坐禅に取り組む。その結果、「精神の劇」が起こることは、宍戸と田中も実感するところである。ただ、言葉で表現しようとすると、うまくいかない。「禅語」という形で、禅の思想や教えに触れる機会は比較的多いものの、実践する中でおぼろげながら意味がわかったような気がするのが禅なのであろう。道元の思想は、道元の生涯から紡ぎ出された「悪戦苦闘のドキュメント」なのだから。[11]

建功寺住職の枡野俊明は『禅の言葉に学ぶ　ていねいな暮らしと美しい人生[12]』で、禅の教えについて、文字や言葉にとらわれることなく、今ここに生きる人間の心そのものを問題にすると述べている。さらに、「本来の自己」と出会うことを禅が目指していると解説している。

仏教学者の鈴木大拙は『禅[13]』で、禅が「自己の存在の本性を見抜く術」であるとし、「われわれを一切の束縛から解放する」と主張する。また、人間に本来備わっているすべての力を解き放つものであるとも述べている。

枡野、大拙の指摘からは、自分らしさを手に入れ、もともと持っている能力を解放することを禅が目指していることがわかる。

私たち日本人は、禅と密接に関わっている。『[禅的]持たない生き方[14]』で、香林院住職の金嶽宗信は、禅について「日本教のようなもの」と表現している。根拠として、お茶、玄関、食堂、床の間など、禅宗から生まれたものが、私たち日本人の生活に溶け込んでいる点を挙げている。

少し違った角度から説明している本がある。承元寺住職・重松宗育の『星の王子さま、禅を語る[15]』である。『星の王子さま』を題材に禅を解説したものだ。重松は同書で、禅の特徴を

3つの単語で表している。すなわち、「アイデンティティー」「エコロジー」「ライフスタイル」である。禅に向かう人々について、自己のアイデンティティーを求め、エコロジー運動との関連性を見出し、さらには物質・機械文明に振り回されない自由なライフスタイルの確立を目指していると分析している。禅の世界では「坐禅によって何かを得ようなどと考えてはならない」とよくいわれるが、先述の通り「自己を解放する」ことは、やはり禅が目指す第一のものなのであろう。

マーケティングとは

ここで、マーケティングの定義についても確認しておきたい。マーケティングには古今東西、様々な定義が存在する。[16] しかし、本書のテーマに照らし合わせ、シンプルな定義を採用したい。すなわちマーケティングとは「全体の利益のために、誰に、どうやって売るかを考えること」である。

「誰に」の部分は、マーケティング用語で言う「ペルソナ[17]」が該当する。ペルソナとは、ターゲットとなる具体的な顧客像を意味する。ペルソナは細かな粒度で作成していくことが求められる。「20~50代の会社員」程度の粒度では、何も決めていないも同じである。できれば「山田太郎、30歳、男性、東京都中野区在住、一人暮らし、年収500万円」などと具体的に定めたい。自社で抱える顧客データから抽出するなど、想像だけに頼らず、ファクトに基づいて作成していくことがポイントとなる。

「どうやって売るか」の部分は、「カスタマージャーニーマップ[18]」が該当する。これは見込み顧客が顧客となる（購入に至る）までの「旅路」を描いたもので、マーケティングの戦略と考えていただくとよい。カスタマージャーニーマップは一般に「認知」「情報収集」「比較検討」「購入」の4段階についてそれぞれ考える。認知から購入に至るまでの態度が変容していく過程を設計する。例えば「認知」では、ペルソナが企業（ブランド）を認知する段階をイメージする。ペルソナはどういった状況に置かれているのか。その時の「心の声」は何か。どういった行動をとるのか。

世の中には複雑なマーケティング戦略があふれているが、基本はこの4段階、3要素で十分だ。ここまで設定したら、それぞれの段階で必要な施策を書き込んでいく。基本は、どこに、どんなコンテンツを置いていくのかを考えていくこととなる。このように、誰が見ても分かるような、シンプルなマーケティング戦略とすべきである。

マーケティングZENの枠組みで羽ばたく企業

マーケティングZENの枠組みに入る企業には、どういったものがあるだろうか。まず挙げられるのがアップルである。

創業者のスティーブ・ジョブズは、禅僧・鈴木俊隆の『禅マインド ビギナーズ・マインド』[19]を愛読し、俊隆の助手を務めていた乙川弘文を師と仰いだ。本人は「日本の禅宗は素晴らしく美的」と語っており、デザイン面で禅に大きな影響を受けたことがうかがえる。アップルの初期のパンフレット表紙には「洗練を突き詰めると簡潔になる」と記載されていた。ジョブズは、会社の経営、製品の設計、広告といったすべての要素においてシンプルを目指していた。[20]

アップルの製品は、シンプルでストレスなく直感的に使えるものばかりだ。「アップルストア」の店員は、顧客の成長を手伝うために存在しており、親身になって相談に乗ってくれる。店員は皆、本当に顧客の幸せを考えているように見える。無駄を省き、全体の幸福を目指すアップルは、マーケティングZENの事例の筆頭に位置しよう。

「カレーハウスCoCo壱番屋」もマーケティングZENの枠組みに入る。カレー一筋のビジネスを続け、カレーの本場・インドにも出店した。ガラス張りの経営を心がけ、過度な成長を追い求めることなく、顧客や地域のことを第一に考える姿勢を貫く。創業者の宗次徳二は、経常利益の1%をチャリティーのために使っていることを自著で明かしている。[21]マーケティングZENに取り組む企業は、長きにわたり愛される。

マインドフルネスへの注目

欧米を中心に、マインドフルネスへの注目度が高まっている。特にグーグルをはじめ、米国西海岸のテクノロジー企業がこぞって導入していることについて、近年盛んに報じられるようになった。

一般社団法人マインドフルリーダーシップインスティテュート理事の木蔵シャフェ君子は、『シリコンバレー式　頭と心を整えるレッスン』[22]で、マインドフルネスの定義を「今ここに集中し、かつリラックスしている状態」などと紹介する。今この瞬間に意識が向いていることが重要であり、結果リラクゼーションが得られるわけだ。

世間では「マインドフルネス=瞑想」と認識されがちだが、瞑想はあくまでマインドフルな状態を実現するための一手段に過ぎない。したがって、マインドフルネスのワークには、ヨガに近いものや、ナッツを食べる行為に意識を集中させるものなども存在する。ただ、比較的手軽に取り組める点で、瞑想は優れたマインドフルネスの手段といえよう。

グーグルには、マインドフルネスを科学に基づいて実践しやすい形にした、独自の研修プログラム「サーチ・インサイド・ユアセルフ（SIY）」が存在する。[23] 創造性や人間関係の構築など、あらゆるスキルの向上につながるものだ。同研修は、マインドフルネスによって注意力を鍛え、情動を高解像度で知覚できるようになるとの考えに基づく。これはビジネスの世界で求められる「EQ」、すなわち心の知能指数の土台となるものである。

スタンフォード大学の心理学者、スティーヴン・マーフィ重松も、『スタンフォード大学マインドフルネス教室』[24]の中で、マインドフルネスがビジネス界において有用であると紹介する。マインドフルネスを習慣化することで、多くの課題が生じた際、「ストレスを軽減し、知的集中力を高めて課題と向き合えるようになる」という。また、マインドフルネスが意思決定の改善や生産性の向上、ひらめきやイノベーションの増加につながる入り口であるとも説明している。

マインドフルネスや坐禅は、マーケティングZENにおいても重要な地位を占める。詳しくは後述するが、「ブランドの立ち位置を明確にする」のステップなどにおいて、欠かせないものだからだ。その意味で、マインドフルネスはマーケティングZENの構成要素、もしくはマーケティングZENの前段といえよう。

持続可能性を意識する

マーケティングZENでは、環境の持続可能性を強く意識する。
「ティンバーランド」は2022年1月、顧客が同ブランドの古い製品を寄贈することで、次回のショッピング時に10％の割引を受けられる循環型のプログラムを開始した。[25] これはティンバーループ（Timberloop）と呼ばれる取り組みで、ティンバーランドが古い製品を修理して再販したり、部品を再利用したりするものだ。
「パタゴニア」は、「ビジネスを手段として環境に警鐘を鳴らし、解決に向けて実行する」などとするミッション・ステートメントを定めた[26]（2018年に「私たちは、故郷である地球を救うためにビジネスを営む」に変更）。地球への環境負荷を減らすため、製品に使用する綿を有機栽培に切り替えたことはよく知られている。[27]
今や持続可能な環境を意識することは、企業の責務である。マーケティングによっていくら売り上げを向上させたとて、地球環境を破壊しているようでは、もはや世の中の支持は得られない。

自他一如の精神

マーケティングZENが持続可能性を追求するのは、環境面に限らない。企業には様々なステークホルダー（利害関係者）が存在する。従業員、顧客、取引先、世間などその範囲は広い。ステークホルダーとの良好な関係を構築したり維持したりすることは、企業にとっての責務ともいえる。

持続可能な関係性を古くから大切にし続けているのが、「売り手よし、買い手よし、世間よし」の「三方よし」で知られる近江商人の商人道だ。「三方よし」とは、売買当事者にとって好都合な取引のみに満足せず、地域などのことも考え、社会の一員として商売するという近江商人の普遍的な価値観や経営理念のことである。和洋菓子製造販売・たねやグループの山本昌仁CEOは、『近江商人の哲学』で「会社の売上にはほとんど興味がない」と明かす。[28]ビジネス相手だけでなく、世間の利益を考える姿勢が、「細く長くであっても、組織が永続することと」につながる。[29]

自分と他人の区別はないとする「自他一如」。企業があらゆるステークホルダーとの境界線をなくしていくことで、結果的に組織の永続性へとつながっていく。

全体の幸福を願う

ビジネスにおいては「利他の精神」が重要であるとよくいわれる。『広辞苑（第7版）』の「利他」の項目には、「自分を犠牲にして他人に利益を与えること。他人の幸福を願うこと」などと書かれている。

「他人」の部分が強調されているが、マーケティングZENにおいては、自分や他人という括りを超えた「全体」の幸福を願う。見返りを求めるのではなく、パーパスを意識して行動するだけだ。「全体」の幸福を願う行為は、周囲からすれば「利他的」に見える。ただし、「結果的に」自分の利益となることは否定しない。このスタンスが重要となる。

見返りを求めないことなど、本当にできるのか。いや、できる。私たちは「性悪説」に基づいて行動しがちである。しかし、『Humankind 希望の歴史』[30]を読めば、人類は善き生き物であり、「性善説」のほうが適当であると分かる。『災害ユートピア』[31]は、発災時、人々が助け合って協力する、即席の地域社会が生まれることを明らかにした。本来、人類は全体の利益のために動く。ところが、現代においては自分のことしか考えない個人や企業があまりにも多い。人類本来の性質を無視した世の中を、我々はうまく泳ぐ必要がある。

組織心理学者のアダム・グラントは、人に惜しみなく与える「Giver（ギバー）」こそが「最高の勝利者」になれると指摘する。サービス業界において、ギバーとして人間関係や評判を築いたサービス提供者を、消費者がますます重視するようになっているとも明かす。[32] 米国のマーケティング系のカンファレンスに参加すると、ギバーの多さに驚く。初対面かつ田中から何もお願いしていないにもかかわらず、「参加した目的を教えてくれ」「何か知りたいことはある?」などと親身になって助けてくれようとする。もちろん、見返りを求めているわけではなく、業界全体をよりよくしたいという思いからだ。

日本のマーケティング系のイベントでは「日本のために」を耳にする機会が多いが、米国のカンファレンスにおいて「米国のために」を聞いたことはない。自社でもなく、自国でもなく、業界全体に貢献したいという思いが強いのだ。米国には数万人規模にまで成長したカンファレンスもあるが、これらも個々人が全体の利益を考え続けた結果である。全体の幸福を願う姿勢こそがビジネスの世界では強い。

マーケティングZENを実践すれば 利他的に見える

全体の幸福を願って取る行為が、周囲からは利他的に見えると書いた。ややわかりにくいかと思うので、もう少し詳しく見ていこう。

マーケティングＺＥＮの枠組みで説明できる企業は、第三者からすると利他的に見える。しかし、当の本人たちにその意識はないことが多い。ただただパーパスに基づき仕事に没頭する。パーパスとは後述する「自分のつとめ」のことである。パーパスだけを意識することで、人はフロー状態に入る。私心なく無心で全体の利益を追い求める状態ともいえる。これが周囲からすれば「利他的に見える」状態である。

先述の通り、一般に他人のために何かをする行為を、利他的な行為と呼ぶ。しかし、実はこの時点では当の本人は利己的な思考に陥っている。「〇〇のために」とは、一歩間違えればエゴイスティックな考えともいえるからだ。

では、どうすべきか。答えは没頭することにある。没頭してフロー状態に入ると、思考や感情から解き放たれる。そもそも、ビジネスは何らかの課題解決や世の中をよりよくするために存在する。自社のパーパスを明確にした上で突き進めば、結果的に利他的に見える行動が生じる。

１９９０年代半ば以降に生まれたＺ世代は、マーケティングＺＥＮと親和性の高い世代といえる。Ｚ世代を対象にしたアンケート調査[33]では、Ｚ世代の計34・９%が社会課題の解決に「貢献したい」もしくは「どちらかといえば貢献したい」と答えている。ミレニアル世代（２０００年代に成人もしくは社会人となった世代）の計25・９%を上回る。「金銭的に貧しい」と考えるＺ世代に限定しても、計24・６%にのぼり、全体の利益を優先する若者が一大勢力となっていることがうかがえる。

Z世代は、企業が利益以外のものにも心をくだき、自社が世の中で役立つことを示すべきと考えている。[34] 企業が商品よりも大切なものを追求しているかどうか、知りたいとも思っている。通常のビジネスのみに執着することは、Z世代の目に悪手と映る。[35] 企業がパーパスを大切にする姿勢は、結果的にZ世代からの支持につながる。

利己的か利他的かという思考を、まずは手放そう。パーパスを感じながら、ただ無心で仕事やマーケティングに取り組もう。

マーケティング倫理を重視する

マーケティングZENは、マーケティングにおける倫理観を何より重視する。倫理とは、人として守るべき道を意味する。いくら「もうかりそう」だからといっても、マーケティングやビジネスの現場で、人の道に外れるような行為をしてはならないのは当然だ。

一方、世の中は非倫理的なマーケティングであふれている。例えば、ステルスマーケティングや、同意なき個人情報の収集・活用など。最近は、会社のお問い合わせフォームから営業メッセージをしつこく送り付ける「お問い合わせフォーム営業」も増えている。近年問題となっている「ダークパターン」も非倫理的といえよう。これは消費者が不利益を被るような決定へと誘導するデザインなどを意味する。

英語圏では「マーケティング倫理」という言葉がよく開かれる。企業活動を展開する上で「当然のことである」というニュアンスで使用されている。

企業が倫理的マーケティングに取り組むべき理由は何か。2021年にオンラインで開催されたアメリカのEメールマーケティングカンファレンスである「イーメールイノベーションズサミット」。ここに登壇した、アクセシビリティー&ユーザビリティーコンサルタントのポール・エアリーのプレゼンが参考になる。[36]

エアリーは、「米国では成人の26％に何らかの障害がある」と紹介。その上で、「誰もがメールにアクセスできるようにすることで、結果的に会社の投資収益率が向上する」と指摘した。利益とは無関係に倫理的な文脈で語られることも多い「アクセシビリティーの改善」だが、企業の利益に直結するという主張である。エアリーは「そもそもマーケティング以前に、それ（アクセシビリティーの改善）は正しいこと」とも語った。アクセシビリティーの改善に取り組むことは、企業が果たすべき当たり前の社会的責任ということだ。

米動画配信大手のネットフリックスは2020年5月、一定期間アクセスしていないユーザー（休眠アカウント）にメールでアカウントを解約するかどうかを確認し、反応がなければ自動的に解約すると発表した。[37]

これまで多くの業界では、「レ点商法」、つまりアクティブでない顧客や解約し忘れている顧客に対し、毎月課金していくことが行われていた。毎月お金を支払ってくれる顧客をいかにして獲得し、いかにして解約率を下げるか。各企業はしのぎを削った。結果、解約するための動線を分かりにくくする手法も横行した。

そんな中でネットフリックスは、「休眠アカウントですけど大丈夫ですか?」という趣旨のお伺いを立てて、顧客が無反応であれば勝手に解約してくれる。ここまでやることで顧客のエンゲージメントが高まり、企業イメージも向上する。まさに顧客に寄り添った倫理的なマーケティングといえよう。

音楽制作ソフトなどを提供するドイツ企業のネイティブ・インストゥルメンツは、ハードウェアに紐づいたライセンスの譲渡(移行)を、無料かつ簡単に行えるサービスを提供している[38]。顧客がハードウェアを売却譲渡する(手放す)際に、製品のライセンス移行を行うと、ハードウェアの新しい持ち主がソフトウェアをダウンロードできる仕組みだ。

使わなくなったコントローラーを有効活用でき、サステナビリティーの面でも評価に値する。不要なコントローラーを下取りに出し、新しい製品を再び同社から購入するといった購買行動も生まれるだろう。

倫理的なマーケティングは、レッドオーシャンをブルーオーシャンに変える可能性も秘めている。

注

1 ガー・レイノルズ著、熊谷小百合訳『プレゼンテーションZen』ピアソン・エデュケーション、2009年

2 近藤麻理恵著『人生がときめく片づけの魔法　改訂版』河出書房新社、2019年

3 同前

4 重森三玲著『枯山水』中央公論新社、2008年

5 松山大耕著『ビジネスZEN入門』講談社＋α新書、2016年

6 石川力山著『禅宗小事典』法藏館、1999年

7 山田匡通著『マインドフィットネス入門　禅の瞑想によってあなたとあなたのビジネスが生まれ変わる』ダイヤモンド社、2021年

8 岡倉覚三著、村岡博訳『茶の本』岩波文庫、1929年

9 木村太邦著『坐禅に問う　禅に道を求めて』春秋社、2013年

10 守屋健郎編『禅の世界　道元禅師と永平寺』読売新聞社、1983年

11 船岡誠著『道元　道は無窮なり』ミネルヴァ書房、2014年

12 枡野俊明著『禅の言葉に学ぶ　ていねいな暮らしと美しい人生』朝日文庫、2012年

13 鈴木大拙著、工藤澄子訳『禅』ちくま文庫、1987年

14 金嶽宗信著『「禅的」持たない生き方』ディスカヴァー・トゥエンティワン、2018年

15 重松宗育著『星の王子さま、禅を語る』ちくま文庫、2013年

16 例えば、公益社団法人日本マーケティング協会は「企業および他の組織がグローバルな視野に立ち、顧客との相互理解を得ながら、公正な競争を通じて行う市場創造のための総合的活動」と定義している。
https://www.jma2-jp.org/jma/aboutjma/jmaorganization

17 ペルソナについては以下の書籍に詳しい。

18 Adele Revella (2015). Buyer Personas: How to Gain Insight into your Customer's Expectations, Align your Marketing Strategies, and Win More Business. Wiley

19 カスタマージャーニーマップの例については以下の書籍に詳しい。
株式会社日本SPセンター著『Webコンテンツマーケティング』エムディエヌコーポレーション、2015年

20 鈴木俊隆著、松永太郎訳『禅マインド　ビギナーズ・マインド』サンガ、2010年

21 ウォルター・アイザックソン著、井口耕二訳『スティーブ・ジョブズ』講談社、2012年

22 宗次德二著『日本一の変人経営者』ダイヤモンド社、2009年

23 木蔵シャフェ君子著『シリコンバレー式　頭と心を整えるレッスン』講談社、2017年

24 サーチ・インサイド・ユアセルフについては、以下の書籍に詳しい。
チャディー・メン・タン著、一般社団法人マインドフルリーダーシップインスティテュート監訳、柴田裕之訳『サーチ・インサイド・ユアセルフ　仕事と人生を飛躍させるグーグルのマインドフルネス実践法』英治出版、2016年

25 スティーヴン・マーフィ重松著、坂井純子訳『スタンフォード大学　マインドフルネス教室』講談社、2016年

26 『DIGIDAY』2022年1月21日「ティンバーランド、リサイクル・プログラムを開始：2030年全商品の『完全循環』を目指して」
https://digiday.jp/modern-retail/timberland-launches-recycling-program-for-footwear-and-apparel/

27 イヴォン・シュイナード著、井口耕二訳『新版　社員をサーフィンに行かせよう　パタゴニア経営のすべて』ダイヤモンド社、2017年

28 同前

29 末永國紀著『近江商人学入門　CSRの源流「三方よし」　改訂版』淡海文庫、2017年

30 山本昌仁著『近江商人の哲学「たねや」に学ぶ商いの基本』講談社現代新書、2018年

ルトガー・ブレグマン著、野中香方子訳『Humankind　希望の歴史』文藝春秋、2021年

31 レベッカ・ソルニット著、高月園子訳『定本　災害ユートピア』亜紀書房、2010年

32 アダム・グラント著、楠木建監訳『GIVE & TAKE 「与える人」こそ成功する時代』三笠書房、2014年

33 『日本経済新聞電子版』「Z世代が消費を変える 『買い物で社会貢献』3割 日経MJ5000人調査」。Z世代の中の16～26歳5013人を対象に日経MJが実施。https://www.nikkei.com/article/DGXZQOUC14APU0U1A211C2000000/

34 ジェイソン・ドーシー、デニス・ヴィラ著、門脇弘典訳『Z世代マーケティング』ハーパーコリンズ・ジャパン、2021年

35 同前

36 田中がオンラインで参加。

37 『日本経済新聞電子版』「ネットフリックス「退会しますか?」あえて通知」https://www.nikkei.com/article/DGXMZO65181170Z11C20A0TJ2000/

38 Native Instruments ウェブサイト内「Native Instruments 製品を中古売買する際の注意事項」https://support.native-instruments.com/hc/ja/articles/210288845

第2章

今、マーケティングZENが必要な理由

禅との出合い

宍戸の禅との出合いは、小学4年の時だった。当時、横浜に住んでいた宍戸は、母親が禅に関心を持っていたこともあり、愛媛県の実家に帰省する道中、両親と姉との家族4人で京都の禅寺を巡った。高校になると、家族で鎌倉の禅寺、円覚寺の坐禅会に参加した。

喘息持ちで、中学3年の時には入院した経験がある。発作に苦しむ日々の中、救ってくれたのが、松下幸之助にも影響を与えた思想家・中村天風の教えであり、禅の源流ともいえるヨーガ哲学だった。

自分の意識を整えることで、身体の状態が好転することを体感した。自分の意識や内面を探求することの重要性を、振り返ればこの時に気づいたと思う。

次第に、禅にも通じる「人間の意識」と「サイエンス」の融合に興味を持つようになった。大学と大学院では、物理の世界に飛び込み、量子力学を学んだ。そこで仏教・禅との共通点を見出すことになる。

量子は、粒子と波動の二重性の世界にある。物質の根源的な量子の世界では、観測という行為によって、波動であったはずのものが粒子として特定される。『般若心経』の「色即是空」に通ずる、観測者の意識が現実に影響を与えているようにも解釈できる世界観だ。

東日本大震災の翌年、鎌倉に移住した。海と山に囲まれ自然豊かな地で、禅をはじめとする日本の精神性を世界に伝える活動をスタートした。

移住直後、曹洞宗の国際センター所長を務め、米国で禅を教えていた禅僧・藤田一照と知り合った。坐禅会に参加し、坐禅のあり方に衝撃を受けた。骨格を意識させるなど、ロジカルに分かりやすく説明する姿勢が、宍戸が持っていた禅のイメージを覆した。

鎌倉の禅寺で鎌倉の禅文化に触れて、禅をより身近に感じるようになった。移住して5年後、禅とマインドフルネスの国際カンファレンス「Ｚｅｎ２・０」を、鎌倉の仲間と共に初めて開催した。全日空などがスポンサーとなり、国内外の学術関係者、ビジネス関係者が多数参加する。コロナ禍でオンラインのみの開催となった年もあるが、イベントの熱量は年々高まっている。

時代が禅やマインドフルネスに追いついた。ビジネス界が、かつてないほどに禅の知見を求めているのだ。

藤田一照禅師（神奈川県葉山町）

先行き不透明な時代に求められる心の拠り所

鎌倉時代の日本は疫病が流行し、さらには地震、飢饉、争乱と、人々は常に緊張を強いられていた。

時間を現代に進めよう。富の偏在化が進み、経済格差はもうどうにもならないところにまで来ている。食糧危機が近いうちに生じると指摘する声もある。[1] 新型コロナウイルスの感染拡大は、人々の健康を脅かし、世界経済にも大きな打撃を与えた。

２０２１年に開かれた世界経済フォーラム（通称・ダボス会議）では、「グレートリセット」というテーマのもと、資本主義自体の大きな見直しが議論された。２０２２年のロシアによるウクライナ侵攻は、人々を傷つけ、建物ばかりか世界秩序をも破壊した。

次から次に予測不能な出来事が起こっている。鎌倉時代の状況、雰囲気に似ているかもしれない。

過去の常識が通用しない時代であり、根本的な価値観の変容が求められている。企業活動やマーケティングも、固定観念を壊し、新しいアプローチを採用すべきである。

そのヒントとなるのが日本の禅だ。鎌倉時代、リーダーであった武士たちの心の拠り所となったのが、禅の精神であった。そして今、世界のビジネスパーソンたちも、禅の世界に注目している。

禅の思想を取り入れたマーケティングZENは、先行き不透明な時代にこそ威力を発揮する。普遍的な、環境に左右されないアプローチである。

「欲望の資本主義」の対極にある「禅的資本主義」

世界が様々な課題に直面する中、経済システムの土台である資本主義のあり方を問う番組がNHKで放送された。シリーズ『欲望の資本主義』[2]だ。ある回のテーマは「ルールが変わる時」であった。

番組では、社会主義を経験したチェコの経済学者トーマス・セドラチェクと、『シャルマの未来予測』[3]などのベストセラーで知られるモルガン・スタンレー・インベストメント・マネジメントのルチル・シャルマが対談した。話は、過剰な生産活動から引き起こされる経済課題に対する解決策としての、禅の思想の可能性に及んだ。

シャルマは、「この世に永遠なものなど何もない」という諸行無常の世界観と、いかなる時も精神状態を安定させることを大切にした禅のあり方の可能性に言及。「今、私が強く惹かれているのは禅の思想だ」と述べ、セドラチェクも「禅的思想はもしかするとこの世界を統合できるかもしれない」と賛同した。

現在の資本主義は、人々の欲望を原動力とする。勝者の論理の中で経済は暴走しがちであり、富の偏在や環境破壊といった問題も起きやすい。経済が永遠に成長することはあり得ない。このことを理解した上で、経済活動を展開する。欲望に支配されたこれまでの資本主義とは対極に位置する考え方を採用すべきだ。

資本主義に禅の思想を取り入れ、個人的な欲望を超えた「自他非分離」の精神が広まれば、持続可能なビジネス、環境が実現する。欲望の支配する資本主義とSDGs（持続可能な開発目標）は共存し得ない。禅の思想を土台にした、新たな資本主義が、今こそ求められている。

経済という言葉は「経世済民」を語源とする。世を治め、民の苦しみを救うという意味だ。翻って現在の資本主義経済は、人々をただ苦しめているだけという側面もある。「成功者」も、決して欲望が満たされることはない。成功によって得られる幸福は一時的なものだ。終わりのないロードレースである。

マーケティングZENは、禅的資本主義の実現を目指すものでもある。禅の精神は、慈悲・慈愛の心を育む。マーケティングZENも、短期的な利益ではなく全体の幸せを願う。マーケティングZENに取り組む企業が増えれば、富の偏在は解消に向かい、持続可能な環境が実現する。ビジネスの持続可能性も高まる。新しい資本主義は、ここから始まるだろう。

マスマーケティングの終焉が近づく

かつて当たり前だったマスマーケティングだが、以前ほどの勢いは感じられない。

マスマーケティングの利点は、一度にたくさんの消費者に近づくことができる点だ。高度経済成長期からバブル期までは、テレビCMを打つだけで商品が売れた。消費者が情報を得る経路は限定的であり、リアルの店舗における購入が前提だった。消費者の消費意欲も旺盛で、この時代のマーケティングは、マス広告に注力してさえいればよかった。[4]

ところが、時代は変わった。情報の流通量が爆発的に増え、情報の流通経路が無数に増えた。世代間の分断も進んだ。世代間だけではない。同世代の中でも分断が生まれている。

同世代や同業者と話をしてみると、共著者2人と近い層の人物であっても、私たちが全く知らない情報源を拠り所としているケースが多い。

「〇〇のユーチューブチャンネルで見たんだけどさ」

「ディスコードのコミュニティーでこんなことが話題になっていたよ」

「イベント参加者限定のスラックチャンネルに招待してもらったんだ」

「〇〇のポッドキャストはとても勉強になる」

こういった具合である。これではごく限られた人を除き、共通の話題を見つけることは難しい。

ユーチューブにしてもインスタグラムにしても、無数のチャンネルやアカウントが存在する。「〇〇世代は〇〇を見ている」などと、特定の世代とプラットフォームを結びつける論調が目立つが、もはや無意味だ。フィルターバブルという語が象徴するように、自分が欲しい情報だけを摂取する環境が当たり前になっている。マスマーケティングの効果が限定的になっている所以である。

マーケティングZENは、過剰な広告を否定する。組織の中心にあるパーパスを常に感じ取り、意思決定や行動につなげることで、顧客の輪がゆっくりと広がっていく。そのスピードは緩やかだ。もっとたくさん、もっと早くを目指すマスマーケティングは、本質的ではない。その終焉は近い。マーケティングZENが今後、マーケティングの中心に据えられていくことであろう。

人間らしさの整理

人々は人間らしさを求めている。

コロナ禍における行動制限は、私たちに「人間らしさとは何か」を考えるきっかけを与えた。多くの人が、自分が求めている心の状態やライフスタイルに気づいた。他者とのつながりへの希求もはっきり自覚した。

「このままでは地球はもたない」。こう感じた人も多いだろう。ロックダウンで生産活動が止まった。インドでは大気汚染が改善し、ヒマラヤ山脈が見えるようになった。イタリア・ベネチアの運河は底が見えるほどにまで透明度が改善した。現在の経済活動が地球環境を破壊し、結果的に自分たちの生活にも悪影響を与えている事実を、我々人類は身をもって体感したわけだ。自然から恩恵を受け取って生活しているのに、資本主義経済はその自然を破壊し続けている。恩を仇で返してはならない。

リモートワークの普及により、大都市から郊外や地方小都市など、自然を身近に感じられる地域へ移住するケースが見られた。自然と共にあるライフスタイルを求めてのことである。自然との共生は、直観的に身体が求めているものだろう。ここにも「人間らしさ」を求める人々の姿が垣間見える。

多くの経営者やイノベーターが、思考・論理の限界の先にある「感じる知性」を求め、禅や仏教とつながりがある山伏の修行に参加している。[5]欧米を中心に、特定の宗教への信仰を持たず精神的（スピリチュアル）な豊かさを求める「SBNR層」[6]が拡大している。今、多くの人が、人間の可能性を高める意識や感覚の世界へと踏み出している。

今後も科学技術は指数関数的な発展が見込まれる。一方で、データに表れない人間の意識や感覚をどう生かしていくかが課題となる。「人間らしいマーケティング」である。その意味で、言葉を超えた禅の世界がもたらす可能性は大きい。

アップル創業者スティーブ・ジョブズは、高校生の時に日本人の禅僧・乙川（旧姓・知野）弘文に出会った。自らの結婚式を乙川に司ってもらうほど禅に傾倒したことは有名な話である。アップル製品からは「洗練」「シンプル」といった単語が浮かび上がる。禅との出合いがなければ、世界的企業アップルは生まれなかったであろう。

禅やマインドフルネスによって、言葉やデータとして表現できない身体感覚を観察する。このことの重要性を世界的なＩＴ企業も理解している。

同時に、マインドフルネスによって、ニュートラルで落ち着いた態度が身につく。それによって固定観念にとらわれない柔軟な思考が手に入るだろう。

アルゴリズム支配から逃れる

イスラエルの歴史学者・哲学者ユヴァル・ノア・ハラリは、自著『21 Lessons』[7]で、「アルゴリズムが私たちに代わって私たちの心を決めるようになる前に、自分の心を理解しておかなくてはならない」と警鐘を鳴らす。

ＡＩは医療や健康の分野でも広く活用されている。今後、ＡＩは対象者以上にその人のことに詳しくなるだろう。アルゴリズムが支配する世界は現実になりつつある。私たちの行動履歴のみならず感情や感覚までデータ化する研究が進んでいる。私たちは自分の意志で行動しているようでいて、実はすべてアルゴリズムによって踊らされているのかもしれない。ＡＩが人間のすべてを把握する社会は、生活の質を高めるが、人間が機械の僕《しもべ》になることに等しい。

だからこそ、ハラリは「自分の心を理解しておかなくてはならない」と訴える。私たち人間が何のために生きているのか、よくわからなくなる前に。

進む価値観の固定化

現代社会はあまりに複雑である。物事を二元論的に白黒はっきりさせ、解決することが難しくなった。複雑な問題を分解して解決できたとしても、また別の問題がすぐに生じてしまう。

フェイクニュースや真偽不明の情報が拡散されている。刺激的な情報であればあるほど、拡散性は高まる。

フィルターバブルの問題もある。ＳＮＳでは、自分の興味・関心に紐づいた情報に繰り返し触れる機会が多くなる。自分の価値観とは違う情報に遭遇しにくくなり、価値観の固定化が起こりやすい。

マーケティングZENのベースには、禅的な物の見方がある。禅は、私たちが持っている価値観自体に距離を置き、物事をありのままの姿で捉えようとする。

多くの企業は膨大な情報を収集し、世の中のニーズに「応えたつもり」になって新規事業を立ち上げる。しかし、厳しい言い方をすれば、このようなやり方はうまくいかないだろう。世の中のニーズに応えようと考えている時点で、価値観は固まっている。

マーケティングZENはニーズを出発点にするのではなく、自分の内なる声を出発点とするものだ。価値観の固定化が進む時代においては、マーケティングZENに取り組む企業は目立つ。他社とは比較にならないほど強いモチベーションで事業に取り組むからだ。最終的に、時代に左右されない強固なブランドとなるだろう。

直観が求められる時代

佐宗邦威は著書『直感と論理をつなぐ思考法』[8]で、多くの現代人は「他人モード」にハイジャックされている状態と指摘する。これではイノベーション、新結合は起こり得ない。ではどうすべきか。佐宗は、内なる直感こそがイノベーションの鍵となると訴える。

A・T・カーニー日本法人会長の梅澤高明は、分析や論理などを司る左脳しか使っていなければ、生み出せる価値には限界があり、「本質を見る直感力」がイノベーションに不可欠と強調する。

梅澤は30年にわたって毎日40分間の瞑想を実践している。元陸上選手・為末大との対談[9]では、日々の瞑想が直感力向上に寄与していると語る。

マーケティングにおいても直観は重要である。巷には様々なマーケティング手法があふれているが、それらだけでは「こうしなければならない」という思考、固定観念を招きやすい。

以前、田中はある日本企業からマーケティング施策の相談を受けた。既存のマーケティング施策について尋ねたところ、予算の大半をインターネット広告費に充てているとのことだった。戦略は特にないそうで、広告の効果も限定的だという。これは受け手の感情を無視しているように思えた。「それではブランドイメージが低下してしまう。もっと相手のことを考えたマーケティングに取り組みませんか。まずは戦略を立てるところから始めましょう。コンテンツを作り込み、広告はそれからです」。こう伝えたところ、相談者は「なんとなくまずいと思っていましたが、やはりそうすべきですよね」と口にした。

相談者は健康に気を遣うタイプで、心身とも充実しており、直観が冴えていた。しかし、その直観を「広告を打たなければ」という思考が潰していた。おそらく、広告代理店から広告ありきの提案を何度も受けたのだろう。情報に振り回され、「モヤモヤ感」を抱えながら誤った方向に走っていた。

もちろん直観がすべてではないが、固定的な思考や他人モードに流されがちな現代、直観は最後の歯止めになるだろう。

コトラーが提唱する自己超越の必要性

2021年10月、「ワールドマーケティングフォーラム2021」が鎌倉の建長寺で開かれた。禅寺でマーケティングのイベントが開かれること自体興味深い。マーケティングの世界がいかに禅の思想に注目しているかがよく分かる。

フォーラムにおける話題の中心は、〝マーケティングの父〟フィリップ・コトラーの『コトラーのマーケティング5・0』[10]だった。

マーケティングの世界では近年「人間味」という単語が頻出している。情報技術の普及によって企業のコミュニケーションから人間味が失われた。結果、企業活動は人々の幸福でなく、数字を追い求めることを目的としがちになった。テクノロジーは業務効率化よりも、人間性を取り戻すために活用すべきだ。マーケティングはもっと人々の幸福に照準を定めるべきだ。宍戸と田中周辺のマーケティング関係者の中でも、こう考える人が増えている。

前掲の『コトラーのマーケティング5・0』が掲げるテーマは「人間性のためのテクノロジー：幸福のためのマーケティング」。この世界観は、集団の調和を大事にする東洋的な世界観に通じる。西洋の個人主義的な世界観とは真逆に位置する。この世界観を発信する場所として、禅文化の発祥の地ともいえる鎌倉がフォーラムの会場に選ばれた。

マズローは晩年、有名な人間の五段階欲求説（生理的欲求、安全の欲求、社会的欲求〔所属と愛の欲求〕、承認欲求、自己実現の欲求）の上に「自己超越欲求」があると述べている。そしてコトラーは、マーケティングのキーワードとしてこの「自己超越欲求」を挙げる。

承認欲求を含めたすべての私心を手放し、パーパスに基づいて全体の幸福のために行動するマーケティングZEN。自己実現という枠から飛び出すものであり、その意味ではコトラーの言う自己超越を実現する可能性を秘めている。

注

1 アフリカをフィールドとするジャーナリストの下村靖樹は、「すでに食糧危機は起きている」と指摘する。

2 NHK『BS1スペシャル』「欲望の資本主義」

3 ルチル・シャルマ著、川島睦保訳『シャルマの未来予測　これから成長する国 沈む国』東洋経済新報社、2018年

4 藤田康人編著、三宅隆之、村澤典知著『カスタマーセントリック思考』宣伝会議、2016年

5 星野文紘、渡辺清乃著『野性の力を取り戻せ　羽黒山伏に学ぶ答えがない「問い」に向き合う智慧』日本能率協会マネジメントセンター、2021年

6 「Spiritual But Not Religious」の頭文字。米国人の5人に1人がこの層に当てはまるとする見方がある。

7 ユヴァル・ノア・ハラリ著、柴田裕之訳『21 Lessons 21世紀の人類のための21の思考』河出書房新社、2021年

8 佐宗邦威著『直感と論理をつなぐ思考法 VISION DRIVEN』ダイヤモンド社、2019年

9 禅とマインドフルネスの国際カンファレンス「Zen2・0」（2018年）内のセッション「ビジネス界・スポーツ界における禅・瞑想の可能性」

10 フィリップ・コトラー、ヘルマワン・カルタジャヤ、イワン・セティアワン著、恩藏直人監訳、藤井清美訳『コトラーのマーケティング5・0 デジタル・テクノロジー時代の革新戦略』朝日新聞出版、2022年

第3章

己を見つめよう

——ブランドの立ち位置を明確にする

路上でお茶を売る禅僧

一風変わった禅僧がいた。佐賀生まれの売茶翁《ばいさおう》（1675〜1763年）である。佐賀藩の藩医の三男として生を受け、幼少の頃より〝異才〟と周囲に評されていた。京都・萬福寺などで修行し、臨済と曹洞の双方を極めた。書家や漢詩人としても知られ、数々の作品を残した。

高僧であった売茶翁だが、晩年その身分を離れる。世の中の身分制度に疑問を抱き、お布施をくれた人のためにお経を唱えることを嫌うようになったからとされる。

売茶翁が向かったのは、京都の路上である。そこで煎茶を売り始めた。茶代は定めておらず、「払えるだけでいい」という姿勢。お布施は受け取らず、禅の教えや人の道をひたすら説いた。

「僧でも、道者でも、儒学者でもなく、色黒で白髭、禿頭の爺です。この京都で能書きを並べて、茶を売っていると（人は）陰口を言うが、私には天地全てが一茶壺なのだ」[1]

売茶翁が残した書からは、周囲に批判されながらも信念を貫き通したさまが伝わってくる。

この「変わり者」の行動が、徐々に世の中を動かしていく。

売茶翁の元には、一流の文人たちが集うようになり、「売茶翁に接待されなければ一流とは呼べない」とも囁かれるようになる。画家の伊藤若冲は売茶翁の生き方に心酔し、売茶翁の肖像画を数多く残した。若冲が描いた肖像画は、売茶翁のものだけとされている。

売茶翁は、内側から湧き出てくる内発的動機に従い行動した人物である。それが売茶翁を唯一無二の存在としたのだ。

内発的動機が出発点となる人や企業は強い。内発的動機は推進力を生み、周囲を動かす。嘘のないメッセージは、人々の心を打つ。

売茶翁が残したとされる言葉
「茶銭は黄金百鎰より半文銭まではくれ次第、ただ呑みも勝手、ただよりはまけ申さず」
（佐賀市の肥前通仙亭で）

自分がいいと思うものだけを扱う店

坂矢悠詞人は、半生を通して己と向き合い続けた。結果、内発的動機により、他にはないオリジナルの存在となった。

石川県加賀市のセレクトショップ「PHAETON（フェートン）」は、そんな坂矢のニュートラルな姿勢が生んだ吸引力のある店だ。[2] 高校生の時から海外で買い付けをするなど、経験豊富で商才にあふれる坂矢。現在は、セレクトショップ、香水店、会員制紅茶カフェなどを展開しており、どの店舗も全国からの訪問客が絶えない。

宍戸と田中がフェートンを訪れた時、本当に店の場所が正しいのか何度も地図を確認した。小松空港から車で約10分。幹線道路沿いにポツンと白いコンクリートの平屋があった。車がないと、なかなかアクセスできない「不思議な立地」だった。坂矢は「あえてここを選んだ」と言い切る。「目的地となるような店にしたかった」のだという。

店内には坂矢自身が海外で買い付けた服や小物が並ぶ。「自分が本当にいいと思ったもの、自分が着るものだけを取り扱っている」と言い、流行との距離の取り方が独特だ。

値引き販売はしたことがない。それでも仕入れた商品は売れる。「値引きが生じるということは需要と供給が一致していないということ」と考えており、「世の中に必要とされる本物だけを仕入れるようにしている」と説明する。

坂矢のスタンスを一言で表すなら「スーパーニュートラル」。事実、本人もインタビュー中に度々このワードを口にした。

生まれた時からテレビを見ずに過ごした。スマホは自宅に持ち込まず、午前中は外部との一切の連絡を断つ。感覚を研ぎ澄ますために、昔は大好きだった酒、葉巻も今は一切やらず、グルテンフリー、白砂糖フリーを続けている。できる限り人付き合いも減らした。アイデアの源泉はここにある。不要なものを手放すことで、本来のニュートラルな自分（禅語の「主人公」）を取り戻す。それにより、アイデアが降りてくるのだ。

もう一つ、印象的だったのが、「期待をしてはならない」という言葉。期待を設定することで、天井ができてしまい、可能性を狭めてしまう。とにかく自分がやりたいこと、楽しいと思うことを圧倒的なクオリティーで他と比較せずにやり抜く。ディテールまでイメージし続ける。これにより、気がつけば何でも実現してしまう。これが世の中の真理であると坂矢は言い切る。

フェートンの坂矢悠詞人。どこか禅的な雰囲気が漂う（石川県加賀市）

坂矢からは、どこか禅味が漂ってくる。日々修行にあたり、ある意味俗世から離れ、自分と向き合い続ける。これにより、本来やるべきことが見えてくる。

「なぜ」を突き詰める

マーケティングやブランディングの世界では、ブランドの立ち位置を明確にすることが重要である。同様に、禅の世界でも常に自分の立ち位置を見つめることが求められる。禅語では「脚下照顧《きゃっかしょうこ》」と表される。

ブランドの立ち位置を明確にするためには、自分自身と向き合わねばならない。コンサルタントのサイモン・シネックは、著書『ＷＨＹから始めよ！』[3]で、人や企業が「なぜ（ＷＨＹ）」それをしているのか、自問自答することから始めるべきだと説く。何をしているのか（ＷＨＡＴ）、どうやってしているのか（ＨＯＷ）を説明できる人や企業は多いが、「なぜ」を明言できるケースは少ないと、シネックは指摘する。

「なぜ」を突き詰めれば、パーパス、つまり存在意義にたどり着く。人や企業が存在している理由、意義である。企業経営における「志」と読み替えられることもある。[4]「心」の部分である。心の探究に終わりがないのと同様、パーパスを事業によって完全に実践するのは難しいかもしれない。それは常に追いかけるものであり、いわば道しるべだ。会社のパーパスは、メンバー個人のパーパスと調和し、仕事のやりがいをもたらす。[5]

企業は株主のためだけでなく、世界や地域のために存在している。このようにビジネス界の常識が変わってきた。企業が向き合うべき対象が世の中へと広がった結果、存在意義が企業に求められるようになった。[6] パーパスが重視されるようになった背景である。

パーパスは、マーケティングZENとも密接に関わっている。企業は、顧客をはじめとするステークホルダーとパーパスを共有する。どう行動すべきか迷った時、パーパスは立ち返る場所となる。売上より大事なものともいえよう。

自己を超え、他者とつながる

2021年10月、鎌倉の建長寺でワールド マーケティング フォーラムが開かれた。テーマの中で一際目を引いたのが、心理学者アブラハム・マズローが晩年に提唱した人間の6段階目の欲求、すなわち「自己超越欲求」であった。

自己を超え、他者とのつながりの中で生まれる共同体的な意識。これがマーケティング業界でも耳目を集めている。

自律的に個人が動く非管理型の組織を意味する「ティール組織」は、心理学者ケン・ウィルバーによる「意識進化の理論」が背景にある。自己中心的な意識から進化し、世界全体と一体化した感覚に注目が集まっている。これは禅の世界で言う「自他非分離」に通じる。『ティール組織』[7]の著者、フレデリック・ラルーは、自然の中を散歩しながら対話することを好む。それにより、個人のバラバラな思考を超えた感覚を捉えることができるという。物理学者のデヴィッド・ボームが著書『ダイアローグ』[8]で描いたように、対話から生まれる他者との意識の重なりは、自他非分離につながっていく。固定観念を排した上で胸襟を開き、他者と対話することで、自意識を超え、全体のために何かしたい、世の中に貢献したいと思う意識が自然と湧き上がってくる。

自分の内発的動機を感じ、大切にしながらも、内省と他者との対話を繰り返し、固定観念になっている価値観の枠組みを手放していく。これを積み重ねていくことで、社会の中で求められるような本質的なアイデアが生まれる。

まずは個人として内側の情報を感じ取るところからスタートする。しかし、そこに固執せずに、また過去にもとらわれず、常に意識をアップデートさせていく。そして、自己を超えた全体性の感覚に基づいて行動し、意識を拡張していく。こうしたプロセスを繰り返すことで、ビジネスやマーケティングは整っていく。

内発的動機を土台にする

このようにマーケティングZENは、内発的動機が土台となる。新規事業の立ち上げや新商品の展開、そして既存の業務。いずれも自らの内面から湧き出る動機がなければ、エネルギーも湧いてこない。時間と労力をかけることはできない。その結果、手を抜いてしまったり、消費者に向けたメッセージが嘘っぽくなってしまったりする。

画期的なアイデアであればあるほど、既存の価値観からは受け入れられないものだ。新規事業を社内で提案したとしよう。その価値が未知数であれば、まずは反対されるだろう。しかし、反対者がいないアイデアは、既存の価値観に染まったアイデアである。ありふれたアイデアでは、イノベーションは起こせない。

組織や周囲の反対意見をはね返すには、胆力と継続力が必要だ。ソニー創業者・盛田昭夫がウォークマンの事業化を提案した際、周囲は大反対した。「録音機能のないテーププレーヤーなんか売れるわけがない」と。しかし盛田は自分の直観を信じた。周囲の反対を押し切って1979年7月に発売すると、たちまちウォークマンは大流行、世界を席巻する大ヒット商品になったことはよく知られている。

答えは自分の内面でしか見つからない。外側の情報こそ危険なものはないのである。まずは疑ってかかる。そして、自らの内側から湧き上がってくる直観を大事にしよう。

周囲の反対や一般常識に巻き込まれないようにするには、内側から湧き上がる無尽蔵のバイタリティーが大事になる。ヨットのように逆風を前進力とすることも必要になってくる。

成功者が外に向けて語る成功の理由は、後で「編集」されている。なぜ自分がそのビジネスに取り組んでいるのか。あまりにも理路整然と語れる場合は嘘がある。論理的思考による動機づけは弱い。内発的動機のエネルギーに劣り、いずれ息切れする。野性的で直観的な内なるエネルギーこそが、周囲をも巻き込み、ビジネスを推進させるのである。

偽の直観に惑わされない

「直観は正しい」とよく言われる。直観とは、人間が言葉や論理を超えて、本来持っている知性のことである。しかし、直観が威力を発揮するには前提条件がある。自らの心の状態が整っていなければならないのだ。条件を満たしていなければ、直観に従う行動はミスリードを生む。甘い誘惑となる「偽のワクワク感」に引っかかってしまいかねない。

「○億円稼ぎました」「月収○百万円達成」。プロフィール欄にこうした金銭欲を煽る文言を並べるSNSの匿名アカウントは多い。これを見て感じる個人のワクワク感は、偽のワクワク感である。個人のエゴイスティックなワクワク感ともいえよう。道元が説く「少欲」とは対極に位置するものだ。禅の世界で言う「自他非分離」を理解しなければ、本来のワクワク感、つまり正しい直観は得られない。人は「本来無一物」である。お金に執着しても幸せになれない。

ウォークマンがそうであったように、過去のデータに基づく思考が、言葉を超えた直観の阻害要因となるケースは多い。外部から受け取る情報によって作り出された価値観は危険だ。しかし、ビジネスの現場においては、こうした価値観に基づいて良し悪しが判断される。論理的思考による縮小した発想ではなく、また自己中心的な発想でもない、内発的動機。この研ぎ澄まされた純粋な内発的動機を捉えていくにあたり、禅で言う「無の境地」に近いニュートラルなスタンスが重要となる。

精神的に落ち着いており、一切の偏見をもたず物事をありのままにとらえるニュートラルな状態は、内発的動機を得やすい。外部情報に惑わされず、偽のワクワク感にも騙されなくなる。宍戸と田中は本書執筆にあたり全国各地を取材したが、整ったビジネスを展開する経営者は、もれなくニュートラルさを備えていた。

情報を遮断し、静かな時間を過ごす

ニュートラルな状態とするためには、マインドフルネスが極めて有効だ。今、この瞬間に意識を集中させることを指し、代表的な方法として瞑想や坐禅がある。

スペインのIEビジネススクールでリーダーシップのクラスを受け持つホアン・ウンベルト・ヤングは、まずはリーダーがマインドフルでニュートラルな状態となるべきだと訴える。グーグルが社内で瞑想によるマインドフルネス研修に取り組んでいることは先述の通りだ。

情報があふれすぎている現代社会。現代人が1日に受け取る情報量は、これまでの時代とは比べ物にならないほど増えている。情報社会をリードするグーグルが、外側の情報を遮断し、自分の中にある感覚にアクセスするマインドフルネス研修を取り入れていること自体が興味深い。マインドフルネスがビジネス界において不可欠であることを雄弁に物語っている。

マーケティングZENを実践する上で、私たちはSNSとの付き合い方を見直す必要がある。もちろん、考えや思いを伝える意味で、SNSは極めて有用なツールである。しかし、簡単に「盛る」ことが可能となるし、マウンティング合戦となるリスクをはらんでもいる。情報に振り回されるのではなく、ビジネスの目的を達成するための情報発信のツールと割り切るべきである。

田中は、フェイスブックの友達のフォローをすべて外している。すると友達のままだが、投稿が自分のニュースフィードに上がってこなくなる。ある日、スマホやタブレット端末からSNSのアプリを削除した。無意識にスマホでSNSアプリを開くのを防ぎ、パソコンで能動的に閲覧するしかない状態が実現する。すると、不思議と湖や山に足が向くようになった。自宅にいる際はスマホをカバンなどにしまっておくようになった。オフラインに身を置くことで、ニュートラルな状態を獲得し、アウトプットの質と量という意味での仕事の生産性は倍以上になった。

日々、脳は外側の情報に無意識的に反応している。まるで自動操縦のように。脳が無意識的かつ即座に反応していると、いつの間にか脳に「思考の垢」がたまっていく。雑念が生まれ、直感は働かなくなり、モチベーションは低下する。

思考の垢を落としていくマインドフルネスの瞑想は、クリスマスに登場するスノードームに似ている。スノードームを手に取って振ると、雪が舞って視界が悪くなる。この雪が空間に散らばっている状態が、雑念が脳に散らばったイメージである。スノードームをしばらく静かに置いておくと、雪が落ちて視界が開ける。

現代人の生活は、スノードームを振り続けている状態だ。雑念的思考に支配されており、自分が何者なのか分からない。当然正しい判断もできない。

一旦立ち止まり、心を静かに整え、思考をクリアにしよう。毎朝の定期的な瞑想によって、意識の解像度を高めていこう。

己と向き合い、テーマを見つける

杉村惇は、静物画を描き続け、「静物学者」とも呼ばれた画家だ。戦後、宮城県塩竈市に居を移し、塩竈の人々と触れ合いながら油絵を描き続けた。

杉村は「不完全なもの」に美を見出していた。壊れたラッパ、古ぼけたランプといったモチーフを愛し、何度も絵に登場させている。

「自分が一生かけて追求できる自分だけの鉱脈を見つけなさい」[9]。杉村は度々こう口にしていたという。

自分だけの鉱脈は、なかなか見つからない。己を見つめた結果、ようやく発見できるものである。

文筆家の深田久弥は、山を愛した登山家でもある。日本全国の山を歩き、『日本百名山』[10]にまとめた。深田にとっては山が人生のテーマだった。

深田は、歴史や風格が山の価値を決めると考えていた。必ずしも見た目が美しい山だけでなく、歴史がある山も積極的に「日本百名山」として紹介した。

石川県加賀市の「深田久弥 山の文化館」には、深田の関連資料が多数展示されている[11]。宍戸と田中が驚いたのは、深田が富士山の最高点からスキーで滑降したエピソードである。当時誰も成し遂げていなかったわけだが、そのことを周囲に自慢した様子はない。富士山にまつわる深田の作品にも記載がないという。滑降したのは3月で、当然富士山は雪に覆われている。当時の装備ではかなりの難易度だったはずだ。しかし深田にとっては、「世界初」の称号などどうだってよかったのだろう。ただ、山と向き合いたかっただけなのだ。

己と向き合って見つけたテーマは、本人にとっては聖域でもある。自慢や比較は無意味で

杉村惇の「ランプの静物」
塩竈市杉村惇美術館所蔵

「深田久弥 山の文化館」の外観。スタッフが丁寧に展示を解説してくれた(石川県加賀市)

あり、内側から湧き出てくるエネルギーによってただ突き進むだけである。

ライフヒストリーを作成する

あらゆる物事がデータ化されるようになりつつある。データサイエンティストという職業に注目が集まっていることからも分かるように、企業はデータを集め、分析することに注力している。

他方で、自分を知ることの重要性は増すばかりだ。すなわち、自分の内側の思考や価値観を理解することである。ユヴァル・ノア・ハラリも、AIが土台となった情報化社会において、瞑想を通して自分の心を理解する力の重要性を指摘している。[12]

自分を知る上で、瞑想だけでなくライフヒストリーの作成も有効だ。ここでは、モチベーション曲線とストレングスファインダーという2つの手法を紹介したい。

これまでの人生でどのようなことにワクワクし、どのようなことに落ち込んだのか。モチベーションの状態を可視化するグラフを、生まれた時を起点に覚えている範囲で描いていく。このグラフを「モチベーション曲線」と呼ぶ。

自分の思考や価値観を理解するには努力と工夫が必要だ。日々の内省(リフレクション)[13]や瞑想が欠かせない。理解のための第一歩として有効なのが、モチベーション曲線である。思ってもみなかったことでワクワクしたり落ち込んだりしていたことが分かる。自分のモチベーションが高まるスイッチも見えてくる。このモチベーションスイッチこそが、すなわち自分の思考や価値観である。

米調査会社ギャラップが開発した強み診断ツール「ストレングスファインダー」[14]も人生の振り返りに有効である。自分の強みを自覚しながら人生を振り返ることで、感性の軸が見えてくる。自分の心の解像度が高まっていく。

ハーバード・ビジネス・スクールの機関誌『ハーバード・ビジネス・レビュー』は、「知識から感情的知性の時代へ」をキャッチコピーに掲げる。客観的データを分析し活用していくのではなく、自らの内面にある感情的知性（エモーショナルインテリジェンス：ＥＩ）を活用すべきとのメッセージだ。感情的知性とは、感情を認識したり制御したりする能力を意味する。企業のビジネスやマーケティングにおいても重要となっている。

自分のつとめを見つける

テクノロジーの発達によって、パソコンとネット環境があれば起業できる時代となった。現代は、起業やその他プロジェクトの立ち上げのハードルが、一昔前と比較して著しく下がっている。一見、素晴らしい時代が到来したようにも思える。しかし、違った見方もある。

マーケティングZENの研究をスタートしてから現在に至るまで、宍戸と田中は多くの禅僧と対話してきた。自分自身がいかに固定観念に縛られていたかを痛感する機会でもあった。

『○○したい』『○○をやりたい』という発想は危険だ」。ある禅僧は、こう口にした。曰く、テクノロジーの発達によって何かをやることのハードルが下がった。結果、誰もが「何でもやれてしまう」環境が整った。すると何が起こったかというと、何でもかんでも首を突っ込む者が増えたというのだ。

「たとい他人にとっていかに大事であろうとも、(自分ではない)他人の目的のために自分のつとめをすて去ってはならぬ。自分の目的を熟知して、自分のつとめに専念せよ」。ブッダが残した言葉である。

「自分のつとめ」とは、内発的動機やパーパスと同義である。一人でいくつものつとめを果たすことは難しい。基本、一つである。

先ほど発言を紹介した禅僧は、「テクノロジーの発達によってマルチタスク型の人間が増えた。しかし、人間は本来一つのことと向き合い、つとめを果たしていく存在である。だからこそ、今の環境は非常に危うい」とも語った。

「こんなことをやっている。あんなこともやっている」だと、「すごい人物」に思える。しかし、実は軸のない、輪郭のぼやけた存在なのだ。

自分のつとめを見つけるためには、自分と向き合うしかない。

セレクトショップの先駆けであるビームスの社長、設楽洋は、短時間の瞑想を長年続けている。「客にハッピーを与えること」を大切にしている同社。設楽は瞑想によって「何が正しいか、何がハッピーにつながるかの判断ができるようになった」と語っている。[15]

1980年前後、ブランド名やショップ名を胸にプリントした「ロゴトレーナー」がブームとなった。「BEAMS」のロゴトレーナーが売上高の半分を占めた。しかし、設楽は販売をやめることを決断した。商品が街にあふれることは、陳腐化を招く。セレクトショップが最も大切にすべき、流行に敏感な客が離れかねない。「『売れたら勝ち』ではない」。ロゴトレーナーから手を引くことは、瞑想を重ねた上での決断だった。ブームが去った後、ロゴトレーナーに依存していた同業者らは苦しんだ。販売を継続していれば「つぶれていたかもしれない」と設楽は振り返る。[16]

京セラを育てた稲盛和夫は、通信事業への参入という挑戦を成功に導いた。しかし、決断に至るまでは苦しんだ。通信事業は全くの門外漢。なぜ参入するのか。自己顕示欲はないか。毎晩寝る前に自問自答した。「動機善なりや、私心なかりしか」。半年後、自信を持って断言できる時が訪れた。私利私欲ではない。競争会社を作ることで通信料金を安くして、国民の役に立ちたい。賽は投げられた。最終的にNTTに対抗すべくKDDIを立ち上げる。稲盛は大事業を成し遂げたのである。[17]

「客にハッピーを与える」という自分のつとめを再認識した設楽。「国民の役に立つ」という自分のつとめと出合った稲盛。共に自分自身と向き合うことで、たどり着いた。自分のつとめに専念する以上は、つとめではないものを手放さねばならない。その結果、最短距離で成功を目指せる環境が整う。

自分のつとめを見出す上で、坐禅や瞑想が有効である。ただひたすら坐禅することを「只《し》管《かん》打《た》坐《ざ》」と呼ぶ。無私無欲でただ坐る。ただし、目的を持ってはならない。つとめを見つけようとして坐ったり瞑想したりしても、何も得ることはできない。

禅僧の藤田一照は、この世で起こるすべての問題の原因は、私たちが自己の正体を見失って右往左往しているところにあると指摘する。自己の正体を見失えば、自己の幻影を追いかけてさまよい歩いてしまう。[18] 藤田が言うに、坐禅とは、くつろぐことそのものだ。目的意識を持たずに坐禅すれば、自然なくつろぎがいつの間にか訪れる。[19] 自分のつとめとも自然に出合うことができる。

坐禅でも瞑想でもいい。ただ、坐って自分と向き合おう。己を見つめよう。

注

1 肥前通仙亭の資料より。

2 宍戸と田中が現地取材。

3 サイモン・シネック著、栗木さつき訳『ＷＨＹから始めよ！　インスパイア型リーダーはここが違う』日本経済新聞出版、２０１２年

4 『日本経済新聞電子版』「パーパス経営、志を問う　企業と市場の新たな羅針盤」 https://www.nikkei.com/article/DGXZQOUB092W20Z00C22A9000000/

5 ジム・コリンズ、ビル・ラジアー著、土方奈美訳『ビジョナリー・カンパニーＺＥＲＯ』日経ＢＰ、２０２１年

6 齊藤三希子著『パーパス・ブランディング　「何をやるか？」ではなく「なぜやるか？」から考える』宣伝会議、２０２１年

7 フレデリック・ラルー著、鈴木立哉訳『ティール組織　マネジメントの常識を覆す次世代型組織の出現』英治出版、２０１８年

8 デヴィッド・ボーム著、金井真弓訳『ダイアローグ　対立から共生へ、議論から対話へ』英治出版、２００７年

9 塩竈市杉村惇美術館の展示より。田中が現地で確認。

10 深田久弥著『日本百名山』新潮文庫、２００３年

11 宍戸と田中が現地取材。

12 ユヴァル・ノア・ハラリ著、柴田裕之訳『21Lessons　21世紀の人類のための21の思考』河出書房新社、２０１９年

13 内省の方法については以下の書籍に詳しい。
熊平美香著『リフレクション（ＲＥＦＬＥＣＴＩＯＮ）　自分とチームの成長を加速させる内省の技術』ディスカヴァー・トゥエンティワン、２０２１年

14 トム・ラス著、古屋博子訳『さあ、才能（じぶん）に目覚めよう　新版ストレングス・ファインダー２・０』日本経済新聞出版、２０１７年

15 『プレジデント』２０２２年9月16日号「最高の瞑想」内の記事「短気な私がリラックスを与える存在に」

16 同前

17 NHK『BSプレミアム』「100年インタビュー『稲盛和夫』」および『日経ビジネス』2022年9月12日号「稲盛和夫　カリスマの遺訓」

18 藤田一照著『現代坐禅講義』角川ソフィア文庫、2019年

19 同前

第4章

手放してビジネスを スリムにしよう

「手放す」という選択肢

1997年当時のアップルは倒産寸前だった。プリンターやモニターなどにも手を出し、多角化に舵を切っていたが、うまくいかなかった。最終的に取締役会は、アップルを去ったスティーブ・ジョブズに白羽の矢を立てる。復帰したジョブズは得意分野以外を手放す決断を下した。コンピューターとOSを除く事業、製品から撤退したのだ。新製品の開発と同じくらい、能動的に。

コンピューターについても、能動的に手放していった。当時のアップルは、現代におけるパソコンメーカーと同様、似たスペックの商品を多数ラインナップしていた。ジョブズは「一般消費者用」「プロ用」のそれぞれについて、「デスクトップ」と「ポータブル」という分類を採用。商品群を4つに絞った。製品のデザイン同様、シンプルな商品構成とした結果、消費者が選ぶ際のストレスは消えた。[1]

「20世紀を代表するおもちゃ」として知られるブロック型おもちゃ「レゴ」。事業会社はかつて経営危機を経験している。きっかけは、1980年代後半にブロックの製造特許が切れたこと。レゴを模倣したブロック型おもちゃが相次いで発売された。比較的低い価格の製品に顧客は流れた。家庭用ゲーム機の登場も痛手だった。ブロック業界はもとより、おもちゃ業界全体が顧客を奪われた。レゴが対抗策として選択したのは拡大路線だった。年間製品点数を3倍に増やすも、営業利益は思うように伸びない。1998年には初めて赤字に転落した。[2]

新たなリーダーを迎えたレゴは、「脱ブロック」を進める。テレビ番組やアパレル、キャンプ用品などへのライセンスビジネスを検討。これまでのブロックと互換性のない新製品を開

ロンドン市内のレゴ店舗

オレクトロニカの加藤亮（右）と児玉順平
（オレクトロニカ提供）

オレクトロニカの代名詞ともいえる人形作品

発することもした。直営店を数店舗から300店舗にまで増やしたほか、スター・ウォーズなど人気映画作品とコラボレーションした製品を定番化した。取り組みが結実し、2002年には当時として過去最高の営業利益を叩き出した。[3]

2年後、レゴは一転して約3億ドルもの赤字となる。原因は、多角化によって自分たちが提供すべき価値を見失ったことだ。レゴの提供すべき価値とは「組み立て体験」にほかならない。レゴはこれにつながらない事業を手放していく決断を下す。大切なものは何かを明らかにした上で、力を入れるべきでないと判断した事業を手放し、優先順位の高い事業にリソースを集中させたのだ。その結果、レゴの業績はV字回復した。[4]

大分を拠点とするアートユニット「オレクトロニカ」の加藤亮と児玉順平は、ある日決意した。使える時間のすべてを作品制作に充てよう、と。それまでは「芸術」をフックに、アートイベントといった作品制作以外の仕事にも取り組んでいた。しかし、「納得のいく作品を世に送り出すことこそが自分たちの仕事だ」と考え、その一切をやめた。

2年間、作品制作に没頭した。オレクトロニカの代名詞は、高さ3～10センチの人形。モデルはいない。鉄や錫、木を用いて、匿名性の高い人形を作り続けた。芸術家としての新境地にもたどり着いた。発泡スチロールを用いた高さ5メートルの白い人形。パンデミックのさなか、熊本市中心市街地のアーケードに設置したところ、道ゆく人々が立ち止まってまじまじと見上げた。驚いた顔や笑った顔。マスクで顔面の筋肉を動かす機会が減った人々に、表情が戻った。下を向くことが多いご時世だが、作品を通して人々の感情を豊かにすることができると気づいた。

オレクトロニカによる発泡スチロールを用いた高さ5メートルの白い人形（熊本市）
（オレクトロニカ提供）

作品作りを続けるうちに、個展やグループ展の依頼が舞い込むようになってきた。大分県内のホテルから作品設置の依頼もあった。気がつけば、2人が共同代表を務める会社、オレクトロニカの経営も安定していた。「作品制作に集中することで納得できるアウトプットができるようになった。今では自信を持って労力に見合った値付けができている」

再び、作品制作以外の仕事も手がけるようになった。芸術家の自分たちにとって、すべての仕事は「表現活動」。作品のクオリティーが上がり、以前より自分たちが手がけるあらゆる仕事の「説得力が高まった」とも感じている。「自分たちのコアの部分を突き詰めることで道が開けた」[5]。

手放すことで道が開ける

これら3つのエピソードに共通するのは、「手放す」ことで道が開けたという事実だ。資本主義経済においては、規模の拡大が求められがちである。次から次へと新たなビジネスに参入することが当たり前とされている。「手放す」という選択肢は採りづらい。そもそも何かをやめるという概念すらない組織を、私たちはいくつも知っている。

すでに使ったものの回収見込みのない費用のことを、サンクコストと呼ぶ。損切りするなら早いほうがいい。しかし、これまで費やしてきたお金、つまりサンクコストが無駄になることは、どうしても許せないという思考に人は陥りがちだ。ロジカルに考えれば、損切りすべきであるとすぐにわかるのだが、嫌な現実からは目を背けるのが人間である。結果、ずるずると破滅へと向かっていく。

マーケティングZENの核は、手放すことにある。特にビジネスモデルのスリム化は、すぐにでも取り組むべきものだ。第3章で示したように、自分の内発的動機を理解した上であれば、適切な事業選択は難しくない。経営リスクは減り、安定経営につながる。

手放すことは後退ではない。大いなる前進である。アップルが製品数を絞ったのは、自社の強みとやるべきことを明確にした結果だ。レゴは提供すべき価値に意識を向け、大切なビジネスを再確認した。手放すことで本質だけが残る。

建築でも同じことがいえる。ポルトガルを代表する建築家、アルヴァロ・シザは、美術館や図書館、集合住宅など、同国内に様々な建築を残している。[6] 建築の多くはポルトガルの観光資源ともなっており、今も世界中から建築ファンが訪れる。多様な作品を残しているが、

シザ初期の代表作の一つ「レサのスイミングプール」。海とプールが溶け合ったような印象を受ける
（ポルトガル・マトジーニョス）

シザが手がけたセラルヴェス現代美術館。直線的で無駄のないデザインが、光を際立たせる
（ポルトガル・ポルト）

中でも直線的でミニマルなデザインはシザの代名詞だ。

シザをはじめとする欧州の建築に詳しい建築家の丸子勇人は、「デザインを単純化させた結果、光の陰影や連続性のある空間体験を人々に知覚させることに成功した」と、シザ建築を絶賛する。[7] 田中はシザが手がけたセラルヴェス現代美術館（同国ポルト）を訪れたことがあるが、やわらかい光が室内に入ってくる、居心地の良い空間であった。「引き算」の重要性を認識すると共に、マーケティングZENの構想時にも大いにインスピレーションを受けた。

もっとたくさんではなく、いかに無駄を省くか。引き算の思想は、ビジネスにも応用できる。手放すことで、道が開けるのだ。

数字を手放す

マーケティングにおいて、顧客行動や市場の分析は不可欠だ。田中も仕事で分析に関わることは良くある。だが、数字ばかりに意識が向いてしまい、マーケティングから人間味が失われてきた部分も大きい。

そもそも、数字の情報量は限定的である。ある事象があって、それを数字という枠組みに当てはめたに過ぎない。顧客と同じ時間・空間を共にしていると、新たな気づきが得られることはよくある。自分の感覚が発見した情報だ。量的データにはない、生きた情報である。

「お金」も同じく数字に過ぎない。ツイッターのプロフィール欄に「年収1億円」「売り上げ5億円達成」などと記載したアカウントを目にする。該当人物のツイートを読んでいくと、何やらあやしげな情報商材の購入に誘導しているケースもある。

生き方、価値観は人それぞれ。しかし、人々が自分の内発的動機にアクセスできなくなった結果、「いくら稼いだか」が価値判断基準となってしまった。お金を追い求めると、「もっとたくさん」のループに入り、終わりがなくなる。そこにパーパスは存在しない。幸福を感じることも難しい。

会社経営も同じである。「目標売り上げ10億円」としてしまえば、お金を稼ぐことだけが目的となってしまう。パーパスがなければ、従業員は何のために仕事をしているのか分からなくなる。モチベーションを保つことは困難だ。

金融機関に勤める田中の知人がいる。長年にわたり、顧客に金融商品をあの手この手で売り続けた。中には「顧客にとってメリットの乏しい商品」もあった。ある時、ふと「自分は何のために金融商品を売っているのだろう」と考えた。顧客にお願いして買ってもらうことが、顧客の幸せにつながるのか疑わしい。世の中がより良くなるはずもない。この知人はやる気を失い、現在転職を考えている。

数字に頼ると、見えるはずのものが見えなくなる。感じ取れるはずのものが、感じ取れなくなる。数字を手放し、自分の感覚を信じよう。そうすることで、進むべき方向が見えてくる。

執着を手放す

「本来《ほんらい》無《む》一物《いちもつ》」。禅の考え方はこの言葉に集約される。物事は本来、空《くう》である。執着すべきものは何一つない。

ＳＮＳは執着を生む。他人のきらびやかな生活やビジネスの成功を毎日見せつけられれば、誰だってうらやましく感じる。物欲や金銭欲、名誉欲に支配されるようになる。すべての執着を手放して初めて、自分自身と向き合うことができる。執着がある状態は、心がここにない状態である。

白か黒か。善か悪か。我々現代人は、二元論で物事を考えがちだ。二元論は妬みを生む。誤った判断へと導く。作家の村上春樹は、結論を出す必要に迫られる物事は、自分たちが考えているよりずっと少ないと、自身の経験から指摘する。「僕らは（中略）結論というものを本当はそれほど必要としていないんじゃないか」とも述べ、「白か黒か」という判断を求めすぎる今の世の中に疑問を呈する。[8]

マーケティングＺＥＮでは、善悪二元論から距離を置く。他人も他社も評価しない。マーケティング施策も評価しない。良い施策、悪い施策という判断基準ではなく、必要だと思える施策に一心不乱に取り組む。

ビジネスにおいて、お金への執着も手放すべきだ。それだけで自分のつとめに専念できる。

「お金持ちになりたいと思って活動していないんです。だって、きりがないですよ、お金って」。人気バンド・サカナクションの山口一郎はインタビューでこう語っている。[9] 楽曲制作の際に「お金もうけをしたい」と思っていないともいい、作りたい音楽を淡々と作るべきであるとの考えを明かしている。

「何なら別に今より収入が減ってもいい。そう気づいたらすごく楽になった」。お金への執着を手放したことで、良い楽曲を作るという自分のつとめに専念できるようになったのだ。

元ファッションモデルの社会学者アシュリー・ミアーズは、超富裕層の世界を参与観察している。研究成果をまとめた書籍[10]には、店内の別々のテーブルに座った超富裕層2人が、高額なボトルを次々と注文する場面が出てくる。自らの富を見せつけ、競い合っているのだ。ところが登場人物が幸福感を覚えている様子は伝わってこない。

富を見せつけることで、快感は得られる。しかし、快感がもたらす幸福感は長続きしない。

一方、崇高な目的を追い求めることによって得られる幸福感は長続きする。[11] 自分のつとめに専念することは、崇高な目的を追い求めることに他ならない。幸福感は持続し、何かを成し遂げることにもつながる。お金によって得られるのは一時的な快感だけだ。快感は中毒性があり、「もっとたくさん」の思考へと誘導する。最終的には、より多くのお金を得るために規模の拡大を目指すようになる。

我々に必要なのは「放下着《ほうげじゃく》」の考えである。すべての思い込みや執着を捨て去ることを意味する。例えば、お金への執着を手放すことで、どんな時代でも生き残る、しなやかさと頑強さを備えた組織が実現する。放下着を理解できた時、人は強い。ノイズがなくなる。周囲が気にならなくなる。常にゾーンに入った状態となる。高い精神性とともに、他人と違ったリズムでビジネスを推進できる。

京都の両足院・副住職の伊藤東凌は、「これからの時代はリフレーミング（物事を違った見方で捉え直すこと）が大切となる。新しい見方をすることで、自分の可能性が解放されるのです」と語る。[12] その言葉を体現するかのように、伊藤は常識を覆すオンラインでの坐禅会を企画。自宅でリラックスした雰囲気で参加できることもあり、若者を中心に参加者を集めた。これまでとは違った、カジュアルな切り口から感性を取り戻してもらおうと、心を整えるスマホアプリ「InTrip（イントリップ）」の開発にも参画している。[13] 思い込みや執着を手放すことで、新たな境地を切り開いたのだ。

第3章において、「自分のつとめ」を見つけることの重要性を説いた。一方で、自分のつとめにとらわれない、柔軟な姿勢も時として必要となる。

社会が変われば、自分のつとめが変わることも起こり得る。自分の内側の声に耳を澄ませて、本音では「変えなければ」と分かっている。それでも、「いやいや、自分のつとめはこうだから」と考え、心の声に蓋をしてしまうのは危険だ。

マーケティングZENでは、思い込みや固定観念を手放さねばならない。つとめに固執することは、禅的ではない。物事は移りゆくのだから、つとめだって変化することは往々にして起こり得る。迷ったら、心身を整えて、自分の内発的動機を感じたい。思い込みや執着を、捨て去ろう。

機能を手放す

テレビやエアコンのリモコンを見れば分かるように、日本企業は機能を追加するのが得意だ。海外のホテルに泊まると、リモコンのシンプルさに驚くことがある。直感的に利用でき、ストレスを感じさせない。製造者を確認すると、韓国のメーカーであった——。このような経験が田中には何度もある。

シンプルは、広がる。サッカーがなぜ世界中で支持されているのか。それは基本的なルールがシンプルだからだ。学生時代の指導教官が「野球はルールが複雑すぎる」と話していた。野球中継を観て育った田中は、野球のルールはシンプルだと思い込んでいた。しかしよくよく考えてみると、ストライクとボール、フォースアウト、タッチアップなど、ルールを知らなければ観ていても何をやっているのかさっぱり分からない。試しに妻に野球のルールを知っているか尋ねると、「よく分からない」と答えた。ラグビーにしてもアイスホッケーにしても、ルールが複雑だ。田中はどちらのスポーツも観戦を好むが、競技の広がりという点においてはサッカーに及ばない。サッカーは、ボールを蹴って、ゴールすれば1点入る。田中がかつて訪れたタイ南部の小さな離島でも、子供たちがボールを蹴って遊んでいた。シンプルさは、裾野を広げる。

機能を手放してシンプルにすることは、マーケティングの上でも効果的だ。キングジムのデジタルメモ端末「ポメラ」は、テキスト入力に特化した製品である。端末の色はダークグレー。シンプルなデザインのキーボードと液晶画面がついている。片手で持てるサイズ感で、見た目は少し大きめの電子辞書のよう。持ち運びに便利なこともあり、小説家やライターなど日常的に原稿を書く職業の人々に支持されている。

パソコンで作業をすると、無意識にインターネットの海に潜ってしまう。気がつけば1時間が経過していた、という経験があるのは、共著者2人に限らないだろう。ところがポメラでインターネット検索はできない。とにかく文章を書くことしかできないのだ。

田中は2022年に発売された最新型を所有。実はこの原稿もポメラで執筆している。開いて数秒後にはテキスト入力画面が表示され、すぐに執筆作業に入れる仕様が素晴らしい。機能を絞った設計、そしてノイズのないシンプルなデザインが禅的である。財布とポメラだけを持って、喫茶店に入る。アプリ通知や電話から解放される、貴重な時間だ。田中の場合、原稿をパソコンで書くのとポメラで書くのとでは、生産性が少なくとも3倍は違ってくる。

ポメラの初代モデルを開発したのは、キングジムの立石幸士だ。立石は、同社ウェブサイトで開発当時のエピソードを紹介している。かつて社内の開発会議でポメラのコンセプトを説明したものの、「メモをするだけの商品なんて必要ない」などと否定的な意見が相次いだ。ところが、出張で忙しく飛び回りながら執筆している社外取締役が「いくら出してもいいから欲しい」と発言し、空気が一変。「チャレンジしてみる価値はある」として、開発に入ることができた。[14]

熱烈な支持を集めるプロダクトだけに、ユーザーから機能改善や機能追加の声が寄せられる。しかし、文章を書くための機能だけを見極め、コンセプトからぶれずに純粋な進化を続けてきた。仮にポメラが文章執筆と関係のない機能を追加していたら、ファンは離れていたであろう。

群雄割拠のマーケティング・テクノロジー・ツール業界においても、機能を増やすことが当たり前となっている。当初は独自性のあるツールであっても、他社に対抗しようとして、どんどん機能が増えていく。田中はカンファレンスに参加するなどして米国の同業界を観察しているが、[15] 年々独自性のあるツールが目につかなくなっている。大手に吸収されることもあるが、機能を増やした結果、特徴がなくなってしまうケースも多い。特徴のないツールであれば、ツール購買担当者が導入しようとしても社内提案がうまくいかない。
シンプルは、広がる。明確なコンセプトがあれば、勇気を持って機能を絞れるはずだ。

事業を手放す

壱番屋の創業者・宗次德二は、カレー専門店を始めた頃、同時に喫茶店も経営していた。喫茶店は繁盛していたが、カレー専門店に専念するために売却した。「苦渋の決断だったが、新たな目標に向かって進むことにした」と当時の思いについて説明している。[16]

経営的にうまくいっていたとしても、目指すべき方向に進んでいないのであれば、本来のビジネスに専念することが大切だ。ビジネスにおいて二兎を追う経営者は多いが、それでは自分のつとめを果たすことはできない。モヤモヤ感を抱えながらの人生になってしまう。

ビジネスモデルを整理することで、一時的に売り上げが下がることもあるだろう。しかし、長い目で見た時、成功確率は上がる。ブランドを築き上げていくことに専念すれば、ブランド価値は複利的に高まっていき、最終的に経営は安定する。

アウトドアブランドの「モンベル」は、かつてアウトドアブランド、パタゴニアのライセンスビジネスを展開していた。取引開始から3年後の1987年、パタゴニア関連の売り上げは、モンベルの総売り上げの4分の1を占めるまでになった。

モンベルが目指していたのはモンベルブランドの確立であった。パタゴニア製品が売れる一方で、創業者の辰野勇は葛藤を感じていた。「パタゴニアと決別しなければ、モンベルの未来は危うい」。辰野はパタゴニアの日本事務所の開設などを手伝い、円満に別れる。モンベルの売り上げは下がるかに思われたが、前年を超えた。この時、辰野は「自分が生み育ててきたモンベルブランドに全力を注ごう」と誓ったという。[17] 今やモンベルは日本を代表するアウトドアブランドに成長している。

特に中小企業においては、限られたリソースを有効活用することが求められる。「もうかりそうだから」という理由だけで複数の事業に取り組むことは、一見合理的に見えるが、ブランドの立ち位置が曖昧になるリスクをはらむ。思い切って事業を手放すことで、ビジネスにとって最重要であるパーパスがビジネスの中心に落ち着く。

情報を手放す

「ユニクロ」を展開するファーストリテイリングの柳井正会長兼社長は、日経ＭＪのインタビューでこう述べている。「僕は原点に返れといっています。洋服屋は最高の洋服屋になれと」[18]

情報過多の現代社会において、多くの情報を集めることが「正義」と捉えられがちである。

しかし、必要な情報というものは実のところそれほど多くない。答えは自分と向き合う中で見つかるもの、自分の中に存在するものなのだ。

ニュースによって、時間が奪われるばかりか不安が増長される。ニュースを断つべきだ。『Think clearly』などの著作で知られる作家・実業家のロルフ・ドベリはこう主張する。[19]テレビやインターネット、新聞など、私たちがニュースに触れている時間、そしてニュースに触れた後に集中力をとり戻すのに要する時間は、1日なんと計90分。1年間に1カ月を費やしている計算になる。

田中が物心ついた頃から、ニュースは身近なものだった。自宅でも、祖父母の家でも、午後7時になれば当たり前のようにテレビからNHKニュースが流れていた。成長するにつれて、ニュースに触れないことはますます考えられなくなった。目的もなく毎日テレビニュースに触れていた。今思えば惰性的であった。世の中から置いていかれるような恐怖感もあったのかもしれない。

転機は学生時代にバックパックを背負ってアジアを旅したことだ。当時、スマートフォンは一般的でなく、東南アジアやインドのインターネット環境も整っていなかった。デスクトップパソコンが並ぶインターネットカフェを見つけると、旅の予算の関係から、30分や1時間と時間を決めて入った。貪るように見たのはSNS「ミクシィ」。マニアックなコミュニティーの掲示板を開いては、旅情報を集めた。長いこと日本のニュースに触れていなかった。

世の中で何が起きているのか、知らなかったし、知りたいという欲求も起きなかった。時折インターネットカフェでニュースサイトを開くこともあったが、特に必要性は感じなかった。

学生時代最後の旅行では、南米へと向かった。ペルー国内を長距離バスで移動中、日本の国旗が目に入ってきた。ODA（政府開発援助）で橋を造っているようだ。気になって帰国後に調べたところ、同国には日本から多額の援助がなされているとのことだった。不思議と高揚感を覚えた。生きた学びである。能動的に学ぶことは、人間の潜在的な欲求であると理解した。ニュースが不要なのではなく、受け身の情報収集が無意味なのだ。

ドベリ自身も、すべての記事を読むなとは言っていない。専門家が物事の「背景」を説明するような、読み応えのある記事は読むべきだと主張する。いわゆる「調査報道」「解説記事」が該当する。書籍やドキュメンタリーなど、物事を多面的に解説した媒体についても、積極的に触れるべきだと助言する。自身の専門領域のニュースについても、触れて良いとしている。ただし、専門性とは関係のない記事は、その一切を無視していいという。

ニュースを断つことで、心の平静が深まり、より明晰な思考ができるようになる。ドベリは自身の経験をもとにこうも述べている。まさにマーケティングZENの世界観である。

便利さを手放す

コンビニエント、つまり便利なことは正義だという風潮がある。しかし、手をかけることでものの価値は高まる。品質は良くなるし、ストーリーも生まれる。

『ウエスト・サイド・ストーリー』は、1957年に発表された誰もが知るブロードウェイ・ミュージカルである。シェイクスピアの『ロミオとジュリエット』に着想を得た、「禁断の恋」を描くラブストーリー。1961年に映画化され、世界中で人気を博した。2022年、スティーブン・スピルバーグによる映画版のリメイクが日本で公開された。

着目すべきなのは撮影方法である。なんと、デジタルではなくすべてフィルムで撮影しているのだ。撮影監督のヤヌス・カミンスキーは、その狙いについて「リアルに仕上がるし、時代設定にもマッチする」と説明している。[20]

確かに、舞台となっているスラム特有の「埃っぽさ」は、フィルムでなければ本物感が出せない。一方で、10分でテープを交換する必要があるし、カチンコを書き換える作業も生じる。フィルムはデジタルとは異なり面倒なことが多い。

そこまでしてフィルムを使う理由は、果たして「リアルに仕上がる」ことだけなのか。カミンスキーは「現像するのを待っている間、何が映っているのか全く確認できずにハラハラする。ただ、僕はあのハラハラドキドキが好きだ。あの緊張感がいいじゃないか」とインタビューに答えている。[21]

現代において、写真も映像もデジタル化が進み、撮ったその場で確認できるのが当たり前となった。その結果、作り手から「緊張感」が失われた。

写真家のユージン・スミスやアンリ・カルティエ＝ブレッソンの作品からは、緊張感が伝わってくる。一方、撮り直しのきく現代の写真からは、芸術性は伝わってくるものの、緊張は感じられない。

コンテンツマーケティングのカンファレンス「コンテンツマーケティングワールド」において、ベストセラー作家のアンドリュー・デイビスは「コンテンツに必要なのは緊張感」と語った。SEOコンテンツ（検索エンジン最適化が施されたコンテンツ）からは緊張感が伝わってこない。一方、書き手の内なる熱い思いをぶつけた原稿は、緊張感があり、人々を魅了する。

「なんだか味気ないコンテンツが増えた」。こう感じている方も多いだろう。その壁を打ち破るのは、完璧な企画ではなく、偶発的な緊張感である。便利さを取り入れることの代償は、あまりにも大きい。

他者の評価を手放す

ポルトガル第二の都市・ポルトにおいて、田中は商業施設からホテルまでタクシーを利用しようとした。施設周辺にタクシーが見当たらなかったので、スマホのライドシェアサービスアプリを利用。マッチング成立から10分ほどして、セダンタイプの乗用車が迎えに来てくれた。運転手は、40代とおぼしき短髪の男性だった。

「日本人?」

「そうだよ」

「フフフ」

不敵な笑みを浮かべた男性が、慣れた手つきでスマホを操作すると、ほどなくして車内のスピーカーから大音量で日本の女性アイドルグループの楽曲が流れてきた。まさかポルトガルで聴くことになるとは思わなかったので、「このグループが好きなの?」と尋ねると、そうではないと答える。続いて日本の歌謡曲が流れてきたタイミングで気づいた。音楽ストリーミングサービスで、邦楽のプレイリストを流していたのだ。

乗車から10分ほど経ち、あと数分でホテルに到着するという頃。音楽が止まったかと思ったら、どういうわけか突然スピーカーから「満足いただけたでしょうか。もし満足いただけたのならば、レビューで星を5つ付けてください。チップもたくさんくださいね」と女性の音声が流れてきた。しかも日本語である。完全に意表を突かれた。男性はルームミラー越しにニコニコ視線を送ってくる。久しぶりの日本語の楽曲に満足したのは事実だし、商魂のたくましさに感銘を受けたこともある。言われるがままに5つ星を付け、チップも弾んだ。

帰国後、笑い話として友人らにこのエピソードを紹介していた。しかし、本書執筆のため共著者2人で議論し、禅僧らと対話を重ねるうちに、「評価システム」の是非について深く考えるようになった。他者からの評価が可視化され、評価のみがビジネスの成否に直結する社会の是非である。

作家の沢木耕太郎が『日本経済新聞』に「ただそれだけで」と題したエッセイを寄稿している。[22] 沢木は、東北のある都市で居酒屋を探し歩く。親切な客引きからおすすめの店を教えてもらい、カウンターでおいしい料理と珍しい酒を堪能する「至福の時間」を過ごすことができた。店の場所が分かりにくいことから、地元の人が客層の中心かと思いきや、店主から若い旅行者も多いことを知らされる。グルメサイトのランキングを見た上で、グーグルマップに案内されて来店するのだという。

「意外な成功体験を味わえるかもしれない機会」と「失敗が許される機会に失敗する経験」を逃してしまうとの理由で、沢木は「もったいない」と感じる。エッセイは「可能な限りネットに頼らず、自分の五感を研ぎ澄ませ、次の行動を選択する」ことによって、小さな旅も豊かで深いものになると結ばれている。

沢木が書くように、自分の感覚を信じ、自分で選択する社会の方がよほど健全である。なぜなら他人の評価に支配された世の中では、オリジナリティーが奪われていく。事業者たちは、右向け右で同じ方向を目指すようになる。人間味のある社会とはかけ離れている。

ポルトのドライバーは、過剰なまでに高い評価を期待し、無事に5つ星を獲得した。ユーザー側は高い評価に安心してサービスを利用できる。プラットフォーム側は、利用者が増えればより大きな利益を得ることができよう。三者ともにメリットの大きな仕組みだが、「数字」という形での他者の評価を、より気にする社会を生んだともいえる。

田中は欧米や東南アジアで頻繁にライドシェアサービスを利用するが、いつからかドライバーのサービスというか気遣いが過剰になった。暑い気候の時期・場所で乗車すると、ドライバーは必ずといっていいほど「車内の温度はいかがでしょうか」と口にする。以前はこんなことなかったのに。ドライバーの「レビューをよろしく」という思いが透けて見える。パーパスや顧客のためでなく、レビュー獲得が仕事の目的と化しており、どこか居心地の悪さを感じてしまう。プラットフォームの方を向いたサービスは、パーパスを忘れさせる。ビジネスはいずれ破綻を来す。

顧客を手放す

田中は、スマホを部屋に置いて知らない土地を歩き回るのが好きだ。国内であっても海外であっても、気になる店を見つけると、直感を信じて入る。「当たり」の店と出会うと、何とも言えない幸福感に包まれる。

店の場所を覚えておこうと、部屋に戻ってからパソコンでグーグルマップを開くと、レビューが目に入ってくる。すると思いのほか評価が低かった、という経験が何度もある。

クレームめいたレビューの文章を読んでみると、「この執筆者はペルソナではないな」と感じられるケースも多い。レビューを気にしないオーナーならいいが、そうでないオーナーであれば不幸を招く。ペルソナ設定をした上での店作りが、無意味となる可能性が高いからだ。

かつて、世の中に存在するコミュニティーは裾野の広いものばかりであった。メディアの数も限られていた。誰もが同じ情報に触れ、同じものを楽しむ。そんな世の中だった。

ところが時代が進むにつれて、格差の拡大と共にコミュニティーが多様化してゆく。「分断」とも言い換えられるだろう。結果、個々のコミュニティーのサイズは小さくなった。一方で、コミュニティーの数は増え、かつ属する人々の興味・関心が深くなった。この傾向は今後さらに進む。

ポルトガルの街角で撮影した一枚。
スマホを持たずに散歩すると、
見える景色も変わってくる（ポルトガル・ポルト）

基本的に、一つの事業でターゲットとすべきコミュニティーは一つだ。かつてはコミュニティーが大きかったため、マスマーケティングでも投資額を回収できた。ところが、今はコミュニティーのサイズが小さいため、その分、一つの事業で狙える市場規模が小さくなっている。大企業にとっては難しい時代である。大企業において社内起業が流行した背景には、コミュニティーのサイズが変わったことがある。

レビューシステムによって、ターゲットとしていない顧客からの批判が目に入るようになった。一つひとつに対応しようとすると、店の輪郭がぼやけてくる。大衆迎合的な、特徴のない店となる可能性が高い。

ビジネスに携わる人物であれば誰しも、勇気を持って独自の路線を突き進むべきだ。倫理観だけ忘れずにいれば、全員に対応する必要はない。今こそ、顧客を手放そう。耳を傾けるべきなのは、あなたが長きにわたり付き合っている顧客からのフィードバックだけだ。

いつ手放すのか

何かを手放すタイミングはいくつかある。主だったものだと、ビジネスを立ち上げるフェーズ、そして組織が成熟したフェーズの2つだ。

ビジネスを立ち上げた直後は、「あれもやりたいこれもやりたい」または「あれもできるこれもできる」という思考になりやすい。結果、いろいろな事業やサービスに手を出してしまう。「事業の多角化を通した経営の安定化」を目指す。こう言えば聞こえはいい。しかし、それでは一体何者なのかが顧客から見えにくい。

「何でもできる」は今の時代生き残れない。「あれもできます。これもできます」では何の会社なのかが不明瞭となり、存在意義もぼやける。消費者からすると、「なんだかよくわからない会社」との印象になる。

企業はパーパスがすべてである。何のために存在しているのかが説明できなければ、組織の持続可能性は低い。パーパスが明確であれば、取り組むべきビジネスやサービスの範囲もはっきりと見えてくる。

宍戸と田中は起業を目指す人からよく相談を受ける。しかし「起業を目指す」というのが曲者だ。その時点で「起業すること」がゴールとなっている。「何をやるのですか」と問うと、スラスラといくつもの専門的技能が口から飛び出す。しかし、それらは「やるべきこと」ではなく「できること」である。「なぜそれらを提供する必要があるのですか」「それらを提供することで何が起こるのですか」と質問を重ねると、口をつぐんでしまう。

もちろん、パーパスをベースにしたものであり、かつ本当に必要であれば、一つの企業で複数のサービスを展開するのもありだ。しかし、成功している企業はビジネスモデルがスリムである。

マーケティングZENでは、まず「できること」を手放し、「やらなければならないこと」に照準を当てる。正しいワクワク感を持ちつつ取り組んでいく。スノーボードの生みの親ジェイク・バートンは、スノーボードをメジャーにするために人生を捧げた。[23] 他のビジネスには目もくれず、ただひたすらスノーボードの開発と普及に明け暮れた。今やスノーボードが冬季五輪の人気種目となっていることは、周知の事実である。

もう一つ、組織が成熟したフェーズも、手放すタイミング、つまりビジネスモデルをスリムにするタイミングといえる。組織が成長すればするほど、創業から時間が経てば経つほど、しがらみが生まれる。複雑な人間関係は、個人が発案する功利的な新規事業を生む。しかしそれはパーパスからかけ離れていることも多い。サービスが乱立する様は、ジャングルを想起させる。さながら社員らは密林を歩く探検家だ。もはや誰も事業の目的を説明できない。

手放すタイミングを逃せば、組織はいつか身動きが取れなくなる。手放すことを組織の文化とし、軽やかにビジネスに取り組みたい。

注

1 ケイレブ・メルビー原作、ジェス3作画、柳田由紀子訳『ゼン・オブ・スティーブ・ジョブズ』集英社インターナショナル、2012年。ウォルター・アイザックソン著、井口耕二訳『スティーブ・ジョブズ』講談社、2012年

2 蛯谷敏著『レゴ 競争にも模倣にも負けない世界一ブランドの育て方』ダイヤモンド社、2021年

3 同前

4 同前

5 田中が本人らを取材。

6 田中はポルトをこれまでに2度訪れ、様々なデザインのシザ作品に触れてきた。

7 田中による丸子本人へのインタビュー。

8 村上春樹著『職業としての小説家』新潮文庫、2016年

9 「Yahoo!ニュース オリジナル 特集」2022年3月30日「『今こそ、インターネット上での音楽表現を見つけるべき』――サカナクション・山口一郎が考えるコロナ以降のロックバンド」https://news.yahoo.co.jp/articles/9cd329ab0a057fa12b301432326e19fbf10a705e

10 アシュリー・ミアーズ著、松本裕訳『VIP グローバル・パーティーサーキットの社会学』みすず書房、2022年

11 トニー・シェイ著、本荘修二監訳、豊田早苗訳『顧客が熱狂するネット靴店 ザッポス伝説――アマゾンを震撼させたサービスはいかに生まれたか』ダイヤモンド社、2010年

12 宍戸と田中が本人を取材。
13 宍戸と田中が本人を取材。
14 キングジムウェブサイト内「『ポメラ』開発担当者インタビュー」
15 例えば米国の「MarTech」。
16 宗次德二著『日本一の変人経営者』ダイヤモンド社、2009年
17 辰野勇著『モンベル 7つの決断 アウトドアビジネスの舞台裏』ヤマケイ新書、2014年
18 『日経MJ』2021年12月8日付
19 ロルフ・ドベリ著、安原実津訳『News Diet』サンマーク出版、2021年
20 『ウエスト・サイド・ストーリー』スペシャルメイキングブック
21 同前
22 『日本経済新聞』2022年4月3日付
23 福原顕志著『スノーボードを生んだ男 ジェイク・バートンの一生』文藝春秋、2021年

第5章

ビジネスの適切なサイズを探そう

規模拡大を目的にしてはならない

身長3メートル、体重500キロという巨体を誇ったとされるギガントピテクスは、史上最大の類人猿だ。体が大きければ捕食者に狙われる可能性は低くなり、一方で生存確率は高くなる。ところが、ギガントピテクスは約10万年前に絶滅した。

要因の一つと考えられているのが、気候変動だ。寒冷化し、居住する地域の環境が激変。森林がサバンナになった。草原では食料の確保が困難となる。巨体であるが故、食料の供給が足りなくなったと考えられている。[1]

このエピソードは示唆に富む。会社や組織は大きければ大きいほど有利だと考えられてきた。一方で組織が肥大化すればしがらみも増え、新しいチャレンジが困難となる。結果、環境変化に弱くなる。

小さければ小さいほど良いのか。そうとも言い切れない。確かに、簡単に行動を起こせるという意味においては、環境変化には強くなるかもしれない。しかし、小さすぎてビジネスの目的を果たすことが難しくなってしまうことも場合によっては起こり得る。ビジネスの目的によって、適切なサイズは異なる。

大きければ良い、小さければ良いという議論は無意味だ。ビジネスのパーパスに沿って動いていけば、自ずと適切なサイズに収まる。

避けなければならないのは、規模の拡大自体を目的とすることである。無意味な肥大化を避け、ビジネスのパーパスに意識を向けていればそれでいい。

無意味な規模の拡大は、お金への執着が生じている状態でもある。もちろんお金は必要だ。よく血液に例えられるように、お金がなければビジネスは続かない。しかし、生活や自然環境を犠牲にしてまでお金を稼ぐ意味がどこにあるのだろうか。[2] なんだって「過剰」はよくない。何のためにビジネスを始めたのか。当初の思いに立ち返り、お金や規模の拡大だけを意識することは避けるべきだ。

問屋取引を減らし顧客と直につながる

江良浩は決断した。問屋との取引を減らそう、と。

江良は、だしに使われる雑節[3]の製造を手がける江良水産（熊本県天草市）の代表を務める。コストをかけてでも良いものを作りたい。面白い発想を持った飲食店と直接やり取りしたい。強い思いから決断に至った。

熊本県は、日本一の雑節生産量を誇る。サバ節は全国シェア57%、ウルメ節などの「その他節類」は同47%を占める。[4]

江良水産の主力商品も雑節だ。魚は水道水ではなく海水で煮る。臭みのない、まろやかな味わいが実現する。燻す工程では、カシやシイといった熊本県内の天然木を使用。完成した雑節からは上品な香りが漂う。全国各地の有名食品メーカーや有名飲食チェーンとも取引があり、今や業界内で一目置かれる存在だ。

雑節の製造工程について説明する江良水産の江良浩（熊本県天草市）

福岡市で理学療法士として働いていた江良は、食べ歩きが趣味だった。給料をやりくりして名店と呼ばれる飲食店に足繁く通った。「おいしいものを食べたい」という純粋な思いからだった。食への関心が高じて、自ら趣味で料理をするようになった。仕事に食べ歩きに料理にと、充実した日々を送っていた。

ある時、江良水産の3代目を務めていた父親が「いずれ会社をたたむ」と口にした。雑節は原料となる魚をどれだけ安定して仕入れられるかが重要となる。しかし、年々水揚げ量の変動が拡大し、原料確保が難しくなってきていた。

「家業を守りたい」との思いから、理学療法士の仕事を辞め、生まれ育った牛深町に15年ぶりに帰郷。江良水産で働き始め、その後4代目として代表に就任した。

代表就任後、江良は改革に取り組む。全国各地の漁船と契約し、高品質な原料を安定して仕入れることのできる体制を構築した。巨大な冷蔵設備を導入し、臭みがつかない形で雑節を熟成させられる環境を整えた。

同時期に、問屋との取引を減らした。雑節を使用してくれる顧客と直接つながりたいと考えたためだ。当然、売り上げは一時的に大きく下がった。しかし、有名食品メーカーなど新規の取引先が増え、穴を埋めることができた。魚種、乾燥や燻しの時間、削り方。取引先の要望にはフルオーダーで対応している。信頼を積み重ねた結果、生産能力の限界近くまで稼働率が高まった。

江良水産では、日々大量の魚を加工している
（熊本県天草市）

江良自身がＮＨＫの番組に出演したこともあり、江良水産の認知度は高まっている。コロナ禍においても、むしろ売り上げは伸びた。とはいえ、加工場の規模を拡大するつもりは今のところない。「既存の取引先を大切にしながら、地元の知名度を高める活動に取り組んでいきたい。これが自分の使命だ」。江良はこう考えている。

拡大よりも手作りにこだわる

熊本市東区の住宅街に位置するドーナツ店、「ぱんだとねこ」は、河野文乃の決意から始まった。顧客に提供しているのは、小麦粉を使用しないグルテンフリーの焼きドーナツ。米粉ときび砂糖、オーガニック具材。原材料には一切の妥協を許さない。

河野がビジネスを始めたきっかけは、長男の病気だった。長男が小学1年生の時、血尿が出た。慌てて病院に駆け込むと、重度の慢性腎炎と診断された。入退院を繰り返しながら様々な治療法を試すものの、回復しなかった。薬の副作用で顔がパンパンに腫れた。幼い我が子が苦しむ姿に、河野は胸が締め付けられた。

ある時、食事療法に出合う。通常の治療も受けながら、添加物を用いない食材に変えた。すると息子の症状は快方に向かい、大学進学後は一人暮らしできるまでに回復した。「やっぱり食事って大切なんだ」。河野は確信した。

そこから河野は安心して食べられる豆菓子の製造に着手する。「多くの人に食の大切さを伝えたい」との思いからだった。

自宅の一角に工房を構え、研究を重ねた。納得のいく味、品質に到達した2017年8月、豆菓子の販売をスタート。素材にこだわった豆菓子は話題を集め、ネット通販を通して全国の顧客が買い求めるようになった。

探究心旺盛な河野。食の研究を進めるうちに、小麦に含まれるグルテンを体質的に受け付けない人が一定数いることを知る。「誰もが安心して食べられる日常的な食は何か」。たどり着いた答えが、米粉を使った焼きドーナツだった。

外はサクッと、中はしっとりとした食感で、ドーナツとしての完成度は高い。ポイントは生地の熟成にある。店頭に並べるドーナツの製造は半日がかりだ。提供できる数に限りはあるが、河野は自分のペースで続けていくつもりだった。

ブランドを立ち上げた後、いくつかのメディアから取材申し込みがあった。「店の宣伝になるかな」と軽い気持ちで取材を受けたところ、メディア露出直後から多数の客が訪れ、ドーナツはあっという間に売り切れるようになった。ビジネスとしては最高の滑り出しに見えるが、河野はもどかしさを感じていた。

もちろん、ドーナツが売れることはうれしい。自分がドーナツを作っているのは「食の大切さ」を伝えるためであり、その意味で多くの人に来店してもらえる

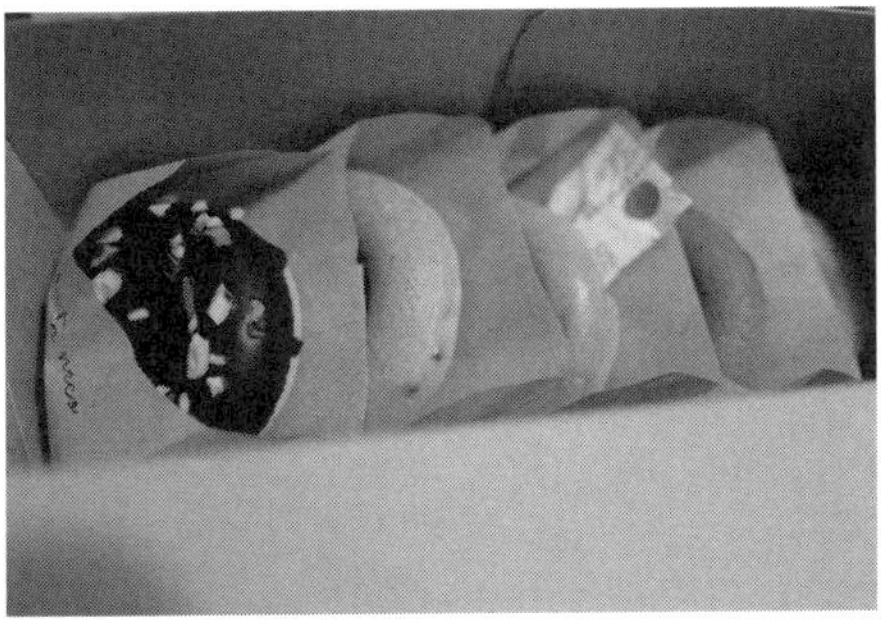
ぱんだとねこのドーナツ。チョコレート、抹茶など様々な種類があり、いずれも体にやさしい素材を使用している

こともありがたい。一方で、自分たちのように家族が病気で苦しんでいる人がいる。また、食生活が乱れて不調を感じている人も多い。本当はそうした人たちに伝えたい。うちのような店はメディアと相性が良くないのではないか。

河野の心は固まった。テレビや新聞といったマスメディアへの露出を、極力避けることにしたのだ。店の場所は分かりにくい。しかし、食の安全を求める客は、それでもわざわざ訪ねてきてくれる。そうした人たちと向き合い、対話し続けた。気づいたのが、テレビや新聞を見て来てくれる人は、リピーターになりづらいということだ。一方、自ら探して来てくれた人は、かなりの確率で再訪してくれる。「店とお客さんがつながっている」。河野は幸福を感じるようになった。

しばらくすると口コミで顧客は増え、経営は少しずつ安定してきた。しかし、「私がドーナツを作っているのはあくまで食の大切さを伝えるため」と言い切り、規模の拡大については慎重だ。

一つひとつ手作業で作るため、現在1日に生産できる数は100~200個が限界。駐車場の問題から、将来的な店舗移転を検討しているというが、それでもずっと手作りにこだわっていくつもりだ。「お金のことだけを考えれば、一気に規模や販路を拡大させた方がいいってことは理解している。でも、私がこのお店をやっている理由はそこじゃない。ゆっくりと食の大切さを伝え続けていけたらいいなと思っています」

パーパスを捻じ曲げるくらいなら規模拡大を求めない。マーケティングZENの重要なポイントである。

お金よりも大切なもの

欧州の街を歩くと、至る場所に歴史的建造物があることに気づく。第二次世界大戦の戦禍を免れた建物の中には、数百年の歴史を持つものもある。もちろん、石造建築であることや地震が少ないこともあるだろう。しかしそれ以上に、土地の歴史と文化を次世代につないでいかねばならないという思いが、共通認識としてある。だからこそ、日本を含む他地域とは異なる景観が残されている。

現地に滞在すると、少々困ったことが起こる。どの建物も外観が似ているため、なかなか事前に調べたお目当ての店にたどり着けないのだ。もちろん、それはそれで興味深い。

グローバルチェーンが幅を利かせ、世界中どこに行っても同じような街の風景が広がる現代にあって、歴史と文化を守り続ける姿勢は武器になる。土地の人々の自信と誇りにつながり、観光資源にもなる。欧州を訪れた後、スクラップアンドビルドを続ける日本の地方都市を見ると、つい「もったいないなあ」と思ってしまう。

英国に10年以上居住し、現在は現地で公認会計士として活躍する渡邉伸悟によると、英国など欧州の場合、建物の賃貸契約には非常に手間がかかる。建物オーナーの多くがリノベーションに難色を示すためだ。ビジネスの目的についてもしつこく尋ねられ、その土地や建物にふさわしい内容なのか、説明を求められる。

この商慣習は、グローバル展開する企業とは相性が悪い。「〇年間で〇店舗」などと出店数を目標にしがちだからである。そこにビジネスのパーパスは見当たらない。規模の拡大もしくは「お金」だけが目的となっていることが透けて見える。

すかいらーく創業者で、現在は高倉町珈琲の会長・横川竟《きわむ》は、「『計算上はもうかる』とか『1000店到達を目指す』とか、市場も見ずに語る経営者が多すぎる」と、外食産業の「常識」を批判する。「良い会社とは売り上げや店の数じゃない」「お客さんに喜んでもらえる店を作れるかどうか」とも述べ、売り上げや店舗数で会社の良し悪しがはかられる風潮に一石を投じる[5]。

英国の建物オーナーは、売り上げや店舗数を追い求める経営者の「下心」を見抜く。ビジネスのパーパスに共感できるか。街にとって良いビジネスなのか。建物に大きく手を加えないか。景観は守れるか。こうした視点で賃貸契約の可否を判断するのである。

街や建物の歴史と文化を守っていくことは、ローカルの住民たちに課せられた責務であった。それがいつの間にか資本主義の波にのみ込まれ、国や地域によってはオリジナルの景観が失われてしまった。

だが、欧州の人々は、それを許さない。お金よりも大切にしなければならないものを明確に理解しているのだ。規模の拡大を手放すことによって、本当に大切にしなければならないものが見えてくる。

本当の幸福を追求する仏教経済学

資本主義経済において、企業は規模の拡大を追い求めがちだ。がむしゃらに働き、稼ぎ、組織や富を肥大化させていくことがある種の「常識」となっている。

しかし、果たして本当に規模の拡大を追い求める必要があるのか、その問いに答えられる経営者が何人存在するだろう。ひょっとしたら、私たち現代人は、大きな思い違いをしているのかもしれない。

経済学者のエルンスト・フリードリッヒ・シューマッハーは、現代経済学と対比させる形で「仏教経済学」という概念を紹介する。最小の消費で人間としての満足、すなわち幸せを最大化しようとする考え方だ[6]。消費を極大化させることによって、一部の企業や経営者は富む。しかし、全体の幸福につながっているのだろうか。一般に経済学では、購入された財やサービスをもとに分析を進める。そこに「人間の幸福」という視点は残念ながら見当たらない。

カリフォルニア大学バークレー校教授のクレア・ブラウンは、シューマッハーが生み出した用語「仏教経済学」をタイトルに掲げた書籍を執筆している。[7] 仏教経済学は、心満たされた生活にしっかり築かれた「本当の幸福」と、金銭と限りない欲望に基づく「かりそめの幸福」をしっかりと区別する。また、所得の極大化を目指さない。[8] かりそめの幸福から本当の幸福へとシフトさせるためにも、規模の拡大という呪縛を解く必要があろう。

オンラインを駆使した「小さな会社」の魅力を伝え続けているポール・ジャルビスは、自著『ステイ・スモール』の中で、重要な見方を示す。広告は消費者の「もっとたくさん」との執着をあおり、幸福と充足感を約束するが、決して実現されない。「もっとたくさん」を追い求めることで、生活とビジネスの両方でストレス、問題、責任が生じる。[9]

ジャルビスに言わせると、「十分」もしくは「もっと少なく」を目指すことが時として必要となる。[10] 規模の拡大を最終目標としないことで、企業は外部からの資金を調達せずに済み、自由になれる。ひたすらパーパスを感じることができる。持続可能なビジネスを実現でき、環境破壊も抑えられる。

宍戸と田中は、規模の拡大を否定しない。規模の拡大自体が目的化することを否定しているのだ。ビジネスの目的を果たせるのであれば、結果的に規模が拡大することは問題ない。ただし、ビジネスには「適切なサイズ」が存在する。超えるようなことがあってはならない。ジャルビスはこれを「持続可能な魔法のゾーン」と呼ぶ。ビジネス規模が拡大してゾーンからはみ出すと、新規採用や設備投資が必要となり、経営に無理が生じてしまう。だからこそ、売り上げや収益の目標を立てる際、下限と上限の両方を設定すべきであると助言する。[11]この範囲に収まるようにビジネスを展開することで、無理が生じず、持続可能なビジネスが実現する。

持続可能な魔法のゾーンを見つけるためには、他者との比較をしないことが肝要となる。比較した瞬間、嫉妬心が生まれ、「もっとたくさん」のモードに入ってしまう。お金への執着が生まれてしまう。第4章で述べたように、執着を手放すことで、適切なサイズが手に入るのだ。

適切な規模に合う仕組み

前述の「適切なサイズ」が見つかったなら、そのサイズからはみ出ないようにビジネスの仕組みを設計する必要がある。

「佰食屋《ひゃくしょくや》」（京都・西院）は、1日100食限定で国産牛のステーキ丼を提供する人気店だ。佰食屋を経営する中村朱美は、100食限定というビジネスモデルによって、「フードロス」や「売上至上主義」から解放されると説明する。[12]また、100食のみの提供に加え、ランチタイムのみの営業であることから、希少性が増して集客効果も高まる。[13]適切なサイズに収まるように設計することで、結果的に様々なメリットを享受できる。

立ち食い焼肉店「六花界」は、神田駅東口から徒歩30秒のガード下にある。広さわずか2・2坪。客席だけでなく厨房とトイレも含んだ面積である。それでも良質な肉と客同士が触れ合うアットホームな雰囲気をお目当てに、毎晩客が店に吸い込まれていく。

経営する森田隼人は、自著で「お店や商売の規模は、大きくしなければいけないわけではありませんし、他のお店と同じようにやらなければならないわけではありません」と強調。その上で「常識を書き換えていくことで、小さいお店だからこそできる仕組みが必ずある」と述べ、小規模な店舗にはメリットも多いことを指摘している。[14]

小さい店舗は素材のロスや人件費の面で有利である。入店できる客数が限られるため、希少性も高まる。2・2坪という常識離れの面積だと、客にとってはその空間に入ること自体が「体験」となる。適切なサイズを見つけた上で、ビジネスが回るように仕組み化された美しい事例といえよう。

規模を拡大させるのではなく、適切なサイズを維持させることは思いのほか難しい。いつの日か必ず、拡大の「チャンス」が目の前に訪れる。自問してほしい。果たして本当に拡大させなければならないのか。自制と適切な判断が求められる。

本章では小規模のビジネスを中心に紹介してきたが、全国展開するような大規模ビジネスでも、適切なサイズを探すことは有効だ。

全国にフランチャイズ展開するワークマンは、業界トップや利益倍増といった経営目標を定めず、ただ「100年の競争優位」を築くことだけを目指している。創業者の土屋嘉雄は、フランチャイズ加盟店に負担をかけない程度の成長を目指した。売り上げが急増した際には「あまり無理をするな」と口にした。[15] 利益の最大化よりも、店長や従業員の幸福を望んでいるのだ。

テレビ番組で取り上げられたことをきっかけに、社員採用への応募が急増した。しかし、採用数を増やすことは考えていない。同社では入社後2年間、直営店で研修を実施するが、トレーニングの質を落とさないためだ。[16] 利益の最大化を目指すならば、採用と直営店の数を増やす戦略が合理的にも思える。しかし、フランチャイズ加盟店や顧客のことを第一に考えた時、利益の最大化はむしろ邪魔な目標となってしまう。

適切なサイズや成長速度を見つける。一見非合理だが、実は持続可能性をもたらす重要な視点なのだ。

注

1　「大型類人猿の絶滅、原因は『変化への不適応』か 研究」(AFPBB News) https://www.afpbb.com/articles/-/3072160 及びナショナル ジオグラフィック日本版サイト内「類人猿ギガントピテクス、大きすぎて絶滅していた」 https://natgeo.nikkeibp.co.jp/atcl/news/16/b/010700002/

2 ２０１８年に発表された論文によると、年収6万ドルから7万5千ドルで人の幸福度はピークに達するという。「Happiness, income satiation and turning points around the world」 https://www.nature.com/articles/s41562-017-0277-0

3 カツオ以外の魚を使用した節のこと。

4 ２０１９年のデータ。 https://www.pref.kumamoto.jp/uploaded/attachment/131237.pdf

5 『毎日新聞』２０２２年10月2日付「84歳『伝説』の経営者 チェーン店発展、礎築き」

6 F・アーンスト・シューマッハー著、小島慶三、酒井懋訳『スモールイズビューティフル』講談社学術文庫、１９８６年

7 クレア・ブラウン著、村瀬哲司訳『仏教経済学』勁草書房、２０２０年

8 同前

9 ポール・ジャルヴィス著、山田文訳『ステイ・スモール 会社は「小さい」ほどうまくいく』ポプラ社、２０２０年

10 同前

11 同前

12 中村朱美著『売上を、減らそう。』ライツ社、２０１９年

13 『日経クロストレンド』２０２１年1月13日「１００食限定「佰食屋」はコロナにどう挑み、店を変革させたのか」 https://xtrend.nikkei.com/atcl/contents/18/00388/00012/

14 森田隼人著『2・2坪の魔法』ダイヤモンド社、２０２１年

15 土屋哲雄著『ホワイトフランチャイズ ワークマンのノルマ・残業なしでも年収１０００万円以上稼がせる仕組み』ＫＡＤＯＫＡＷＡ、２０２１年

16 同前

第6章

マーケティング施策を絞ろう

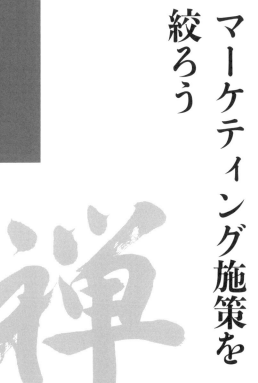

顧客と向き合う時間が増えた

ＪＲ鎌倉駅からバスで10分。バスを降りて細い細い路地を上っていくと、目の前に竹林が広がる。糀カフェ「sawvi（そうび）」は、その脇にひっそりと佇む。[1]

糀を使用したドリンクメニューに加え、大豆コロッケや鶏の唐揚げといった糀料理を提供する。優しい味わいで、体じゅうに染み渡る。特筆すべきは白米だ。オーナー・寺坂寛志の実家、福井県越前町で生産されたもので、川上の水質から周辺の土壌まですべてを調査した上で生産する特別栽培米だという。

寺坂は立地について、「右から左（に物を流すだけ）の仕事はしたくなかった。だからあえてここに店を構えた」と説明する。仮に路面店だった場合、「一見さん」がひっきりなしに訪れていたであろう。分かりやすい立地は、それだけで集客を後押しする。一方で、一人ひとりに向き合う時間は全く取れず、ただ料理や物を売る仕事となってしまうリスクがある。売り上げは伸びるかもしれないが、一方で店の目的がぼやけてしまう。

このことを懸念した寺坂は、あえて知っている人しか訪れないような立地を選んだ。結果、お店のコンセプトや目的、プロダクトについてじっくり説明できる時間を確保できた。この姿勢はリピーター獲得につながり、結果的に安定した経営が実現した。

店のパーパスについて、寺坂は「糀文化を継承すること」と言い切る。事実、飲食や物販だけでなく、糀文化を伝えるための少人数制のワークショップを開催している。味噌づくりと甘糀づくりがあり、参加者から好評を博している。糀の魅力に気づいた顧客は、再び店を訪れる。そして店と顧客との関係性はより深まっていく。

熊本市で理容室を営む本山真二（仮名）は、ある決断をした。店頭の「サインポール」を撤

細い路地を上った場所にある糀カフェ
「sawvi（そうび）」（神奈川県鎌倉市）

糀を使用した「sawvi」の料理
（神奈川県鎌倉市）

去することにしたのだ。赤、青、白の模様がくるくると回転し、道行く人に理容室であることを知らせる、あのサインである。

サインを置くことで、飛び込み客、つまり新規顧客を一定数確保できる。一度設置しさえすれば、あとは電気代がかかるだけであり、メリットの大きい誘客施策に思える。しかし「必ずしも魅力的とはいえない」と本山は言い切る。[2]

いかにしてリピーターを確保するか。新規顧客の獲得以上に重要なポイントだ。本山は長年店を営む中で気づいた。予約なしの飛び込み客がリピーターになることはほとんどない。それどころか、飛び込み客を受け入れることで、常連客、つまりリピーターに影響が及ぶことすらある。新規顧客の髪の特徴や好みを理解するのには、一定の時間がかかる。思いのほかカットに時間がかかり、後ろの常連客の予約時間を迎えてしまうケースがあった。「多くの人にサービスを提供したいのはやまやまだが、常連客のことを第一に考えた」と本山は自身の決断について説明する。

サインを撤去した結果、飛び込み客は激減。一方でじっくりと常連客と向き合えるようになった。「顧客満足度は確実に向上した」と本山は分析する。サインの撤去は、経営と精神の安定をもたらした。

漆琳堂（福井県鯖江市）は、寛政5（1793）年創業の歴史を持つ越前漆器メーカーだ。2020年、新ブランド「RIN&CO.（リン・アンド・コー）」が立ち上がった。鯖江市内の直売店には、ターコイズブルーやピンクなど、漆器の概念を壊す色が並ぶ。[3] 丈夫な作りで、かつ食洗機に対応している。幼い子供用の食器としてまさにうってつけで、若い子育て中の女性を中心に支持を集める。

ブランド立ち上げのきっかけについて、漆琳堂8代目で代表の内田徹は「ルート営業をやめたこと」だと語る。それまでは伝統的な漆器のOEM製造が中心だった。内田は10年ほど営業を担当していたが、全国各地の問屋を回り続け、体力的にかなりの負担だった。「業界の常識」だとして訪問を続けてきたが、ある考えが頭をもたげた。このまま続けていてはジリ貧ではないか。思い切ってルート営業を廃止してみてはどうだろう。

寛政5(1793)年創業の越前漆器メーカー漆琳堂
(福井県鯖江市)

廃止してみたところ、やはり売り上げは落ちた。しかし、理解ある取引先は遠隔でのやり取りに応じてくれた。売り上げを失った一方で、時間ができた。その時間を、ブランド開発に充てた。

若い女性をターゲットとし、商品開発を進めた。刷毛目をあえて残してみたところ、デザイン性が高まり、傷が目立たないなどの副次的効果があった。「これはいける」。そう考えた内田は、満を持して「リン・アンド・コー」を立ち上げる。製品は、斬新なデザインと使い勝手の良さから、少しずつ口コミで広がっていった。今では生産が追いつかないほどの人気だ。

3つのケースに共通するのは、施策を絞った点である。

寺坂は、提供する料理や商品の品質に徹底的にこだわり、かつ顧客とじっくり向き合い続けた。莫大な利益は得られないかもしれない。しかし、集客の手段を限定することで、文化の継承にフォーカスできるようになった。集客の手段を絞ることで、持続可能な存在となった。

漆琳堂の新ブランド「RIN&CO.(リン・アンド・コー)」の製品(福井県鯖江市)

本山は、サイン撤去と時を同じくして、席数を4席から2席へと思い切って減らしている。常連客と向き合う時間を捻出したことで、顧客満足度は高まった。かつては予約者を待合席で長時間待たせることもあった。「当時は独立間もない頃でがむしゃらに働いており、予約を取れるだけ取ろうとしていた。売り上げは伸びたが、顧客に対し非常に失礼なことをしていた」と本山は反省の弁を述べる。経営が安定したことは、すでに述べた通りだ。

内田は、時間ができたことで新ブランドを立ち上げることができた。文化を守りながらも新たな顧客層との関係を構築することにも成功した。

マーケティング施策を絞ることで、顧客と向き合う時間が増える。結果、顧客満足度は高まる。LTV（ライフタイムバリュー＝顧客生涯価値）は高まり、売り上げの変動は小さくなる。つまり経営が安定する。

同時に、自分と向き合う時間もできる。自分を見失わないことは、ビジネスを正しい方向へと進めていく上で必須のことだ。長期的視点で、施策を厳選したい。

特定のチャネルに注力する

集客や売り上げのために、思いつく限りいくつものマーケティング施策に取り組むことは、常識と思われている節がある。ブログにポッドキャスト、SNS、オフラインのイベント。あらゆる場所において情報をコンテンツの形で発信し、潜在顧客や見込み顧客とコミュニケーションを取ろうとする。

しかし、こうした風潮に疑問を投げかける人物がいる。コンテンツマーケティング界の〝ゴッドファーザー〟ジョー・ピュリッジである。

様々な施策を展開することは、企業の可能性が広がりそうで、正着に思える。しかし、コンテンツ制作に充てられるエネルギーには限りがある。施策の数が多ければ多いほど、コンテンツは多くの人に届かなくなる。プリッジはこうした状態を「全くインパクトがない」と断言する。限りあるリソースを、1～2つの施策に集中投下する。これにより、「グレートライン」に到達しやすくなるとピュリッジは説明する。[4]

すべてのマーケティング施策において成功することは、よほどの大資本がない限り難しい。同時に、マーケティングで成功している企業の多くが、特定の施策で目立っている。「あの会社のオウンド（自社）メディアはすごい」「このブランドのインスタグラムは定期的にチェックしたくなる」。企業やブランドの代名詞とも呼べる施策が、必ずと言ってよいほど存在する。

そもそも、情報を発信する側としても、複数の施策に取り組むことは、必ずしも効率的ではない。エッセンシャル思考の生き方とリーダーシップを広めるグレッグ・マキューンは、自著で「大事なものはめったにない」と強調する。世の中の大半のものはノイズであり、本当に重要なものはほとんどない。だからこそ、本当に大事なことを見極め、それ以外のことは断るべきだと助言する。[5]

コーネル大学ジョンソンスクール（経営大学院）でマネジメントスキルやネットワーキングを教えるデボラ・ザックは、近年もてはやされるマルチタスク型の仕事術を否定する。マルチタスクは役に立たないばかりか、「そもそも存在しない」とまで言い切る。脳は一度に2つ以上のことに集中できない。したがって、マルチタスクをしているつもりでも、単にタスクの切り替えをしているに過ぎない。タスクの切り替えを繰り返すと、記憶力と理解力が低下する。[6]人間の特性を考えても、施策を絞ることは合理的判断なのだ。

マルチチャネルで情報発信し、特定の顧客を包囲することで、顧客は「ブランドのことしか考えられない状態」となる。売り上げには貢献するだろう。しかし、真っ当な関係性が構築できているとは言い難い。宍戸と田中が愛するブランドはいくつもある。各ブランドから情報を受け取る際のチャネルは、不思議と1つだけだ。勇気を出して、施策を絞ろう。

コンテンツの届け先を明確にする

フィリップ・コトラーらによる著書『コトラーのマーケティング5・0』は、コンテンツマーケティングが近年バズワードになっていると指摘している。[7]その上で、コンテンツマーケティングとは「マーケターがオーディエンスにとって興味深く、重要性があり、しかも有益なコンテンツをデザインできるように、オーディエンスグループを明確に定義すること」と解説する。

オーディエンス[8]とは、自社について関心を抱き、継続的にコンテンツに触れてくれる人たちを指す。ウェブコンサルティング会社ＪＡＤＥ（ジェイド、東京都千代田区）の代表・伊東周晃は、「(マーケティングにおいては)ビジネスを支えてくれるオーディエンスの基盤を築くことが重要。そのフックとなるのがコンテンツだ」と指摘。[9] その上で、「コンテンツそのものでマネタイズするのではなく、コンテンツを通じてオーディエンスを集めていくことがポイント」と助言する。

本書の第3章で、ブランドの立ち位置を明確にすべきだと書いた。明確にした時点でオリジナルな存在となる。あとは情報やメッセージをコンテンツの形で発信していくことが重要だ。コンテンツを届ける相手さえ誤らなければ、オーディエンスは自然と増えていく。

ピュリッジは、マーケティング施策としてのメルマガやニュースレターを評価する。メールというチャネルは、オーディエンスと一度つながってしまえば、コミュニケーションを誤らない限りは関係性が持続する。

禅的な性格を持ち合わせている点も見逃せない。メールのシステムは営業メールや迷惑メールを仕分けしてくれる。SNSのニュースフィードとは異なり、ただ闇雲に延々とコンテンツが流れてくることはない。メールを読む時は、手紙を読むような心持ちになる。そこでは1対1のコミュニケーションが実現している。メルマガはマーケティングZENと最も相性の良いチャネルの一つである。

注意すべきポイントは、名刺交換しただけの相手には勝手に送らないことである。先にマーケティング施策は、パーパス実現につながるかどうかで選ぶべきだと述べた。情報を求めていない相手に届けても、信用を失うだけである。あくまで自ら進んで、つまり能動的に個人情報を差し出してくれた相手にだけ、メルマガやニュースレターを配信すべきである。

メルマガの登録の過程をイメージしてほしい。会社名や氏名、受信用のメールアドレスといった情報を企業に提供する必要がある。自ら個人情報を差し出すということは、「有益な情報が得られる」「パーパスに共感した」などの理由があるはずだ。特にパーパスに共感してくれた人は、大事にしたい。パーパスを重視する企業は、メールマーケティングに取り組むことが一般的といえよう。

田中の経営する会社でも、メルマガに力を入れている。メルマガ執筆のための取材や資料収集にコストを惜しまず、他では手に入らないと自負する情報を毎週無料で届けている。もちろん、売り上げのためではなく「真摯なマーケティングを通した健全な社会の実現」という理念実現のためにメルマガを配信している。興味深いことに、新規に問い合わせがあるケースの大半で、メルマガを何カ月も読んでくれている。この場合お互い話が早い。

メルマガ登録を促す施策、つまりメルマガ登録への導線設計は必須だ。自社メディアやポッドキャスト、パブリック・リレーションズなど、自社と相性の良い施策に全力投球したい。

メールは関係を徐々に深めていくのに有効だ。一方で、メルマガやニュースレターの能動的な登録者を意味する、サブスクライバーとの相互理解には時間がかかる。田中の会社のケースだと、登録してから半年〜2年ほど経ってから仕事の相談が届くケースが多い。だが、自分たちのペースを大切にするマーケティングZENにおいては、歓迎すべきことだ。時間をかけて関係を深化させるメールは、マーケティングZENのメインとすべきチャネルなのである。

一方で、特定のSNSへの依存を、田中は推奨しない。ある日突然、SNSの仕組みが変わり、コンテンツがフォロワーに届きにくくなった――。こうしたことがすでに起きている。どれだけフォロワーを獲得しようが、プラットフォーム側の都合や外的環境の変化により、数字が無意味になることは、いつだって起こり得る。外部のプラットフォームは、あくまで「借地」なのだ。だからこそ、自らコントロールできる場所に、コンテンツを置くべきだといえる。コンテンツマーケティングは自社メディアや自社ウェブサイトできっかけを作り、メールで関係性を深化させていくことが多いが、これは理にかなった戦略なのである。

その施策はパーパスに貢献するのか

施策を選択する際の判断基準の一つが、パーパスに貢献しているか否かである。たとえ売り上げに貢献していようとも、パーパスから遠い施策であれば、早いうちにやめるべきだ。

世の中には「効果はあるけれど、モヤモヤするマーケティング施策」がごまんとある。顧客を欺いている。顧客からの信用を失っている。パーパスから遠ざかっている。あなたがもしモヤモヤを感じたのであれば、原因はこれら3つのいずれかだ。該当施策はマーケティング倫理に反している可能性が高い。目先の利益を稼いでいるに過ぎず、はっきり言って無意味である。

施策を選択する上で、既存のマーケティング施策をすべて洗い出す必要がある。パーパス実現を後押しする施策はどれか。この視点で施策を選べばいい。

マーケティング施策と聞けば、広告を思い浮かべるかもしれない。しかし、マーケティングZENでは過剰な広告を否定する。自社メディアやメルマガ、自社紙媒体、オフラインのイベント、ポッドキャスト。コントロールしやすいチャネルでの情報発信に力を入れる。パーパスから遠ざかる施策については、早いタイミングで中止する。「金のなる木」ではなく「信用失墜のホットスポット」だと理解しよう。

パーパスを表現できる施策があれば、商品やサービスにつながる導線を最低限置くことは有効だ。サービスの売り込みを目的とするのではなく、ただパーパスを感じながらサービスを提供する。パーパスに共感しているオーディエンスであれば、きっと顧客となってくれる。

ここでも自他非分離を意識したい。自社と顧客は同一の存在である。味気ない関係性ではなく、人間味や体温を感じながらお互いが一体となれるチャネルは必ず存在するのだ。

パーパスへの共感を成果にする

マーケティング戦略においては、購入や問い合わせを成果（コンバージョン）とするのが一般的だ。戦略を立てる際に役立つのが、カスタマージャーニーである。見込み（潜在）顧客が顧客へと育っていく過程を表す概念だ。当然、最終的には購入や問い合わせ獲得を目指す。リスクもある。数字ばかりに目が行き、顧客の顔が見えなくなる。結果、ビジネスのパーパスを見失ってしまう可能性が高い。

マーケティングZENにおいては、パーパスに共感してもらうことを目指す。購入ではなく、パーパスへの共感を成果とする。

前述のように、アウトドアブランドのパタゴニアは、「私たちは、故郷である地球を救うためにビジネスを営む。」を理念に掲げる。[10]「2025年までにカーボンニュートラルになる」などの具体的な目標を掲げており、[11]行動に落としこんでいる。理念がパフォーマンスでないことは明白だ。理念に共感した顧客は、パタゴニア製品を購入し、身につける。

ファッション・スタートアップ「PANGAIA（パンガイア）」は、単なるアパレルブランドではない。ブランド名に含まれるガイア（母なる大地の意）が示唆するように、環境問題の解決を目指す企業だ。[12]科学者や技術者が手を取り合って持続可能な素材を開発。インターネット広告に「サイエンス。パーパス。デザイン」のコピーを採用しており、サステナビリティーを標榜する他のアパレルブランドとは一線を画す。[13] 欧米では絶大な人気を誇っており、リリースから15分で完売するアイテムもある。[14] 消費者は、ミーハーな気持ちで購入しているのではない。パンガイアのパーパスに共感した結果、顧客となったのだ。

ファッション・スタートアップ「PANGAIA（パンガイア）」のウェブサイト

これら2つの企業が発信する情報を見ると、どうやって環境問題を解決できるのか、という点にフォーカスしたものが目立つ。購入を促すのではなく、パーパスを可視化している。もちろん、売り上げも安定経営のために必要だ。しかし、優先してパーパスに共感してもらおうという姿勢に好感が持てる。

購入から、パーパスの共感へ。今こそ成果指標を見直したい。

「看板」は小さくなる

マーケティング施策を絞っていけば、「看板」は小さくなり、最終的には「看板のない店」が誕生する。そんな近未来を予感させる街が金沢だ。

ブランディング業界では知られた話だが、プロダクトのグレードが上がれば上がるほど、ロゴやエンブレムのサイズは小さくなる傾向にある。もちろん例外もあるが、高級外車などの領域で見られる現象である。

せっかく高いお金を払って所有するのだから、目立つ大きさの方がいいのではないか。普通はそう思う。しかし、特定のブランドと長く付き合っている顧客は、あえて小さなロゴのプロダクトを選ぶ。高級スーツのように、裏地を見なければブランド名が分からないようなプロダクトを選ぶことさえある。

熱狂的なファンは、ブランドと自らの関わりを様々な場所で示す。その手段の一つとして、ブランドロゴの大きく入ったプロダクトを身につけることはよくある。しかし、さらにブランドとの関係が深くなれば、あえて目立たない、けれどもブランドとの関係が分かるアピール方法へと移行する。「自分はブランドと深くつながっている。でも、このことは分かる人に分かればいい」というスタイルになるのだ。

これは男女関係を想像すると理解しやすい。付き合いたてのカップルは、恋愛に熱中し、時として同じTシャツを身につける（いわゆるペアルック）。しかしながら、関係が落ち着いてくると、ちょっとしたアクセサリーへと変化する。別に目立つ必要はないが、同じものを身につけることでお互いの関係性を確認したい。このようなマインドへと移行する。

スポーツチームのファンもそうだ。熱狂的なサッカーチームのファンの一部は、あえてレプリカユニフォームを着用しない。靴下などちょっとしたアイテムに、チームカラーを取り入れる。分かる人には分かる。これは「秘密結社」的な大人の楽しみなのかもしれない。

飲食店でも同じである。「十数年前から看板がどんどん小さくなって、目の前まで行かなければ分からない店が増えた。場所を覚えるのが大変なんだよ」。かつて訪れた金沢で、田中が乗ったタクシーの運転手が苦笑した。

金沢市のひがし茶屋街

古民家が数多く残る金沢だから、景観保護の観点でそうなっているのだろう。そう思っていたのだが、大衆的な居酒屋などはしっかりと大きな看板を掲げている。対照的に、人から紹介されて行くような名店は、極めて小さな看板を掲げているだけだった。ある和食店の看板は、縦12センチ、横18センチ程度。店名が白い背景に黒色で書かれており、もはや看板というより表札である。知らなければ飲食店と分からずに通り過ぎてしまうだろう。

実は、こうした店は顧客の「自尊心」を高める。「自分はこんな隠れ家を知っているんだ」と思わせてくれるのだ。

タクシーに乗った日の夜、やはり看板の小さな寿司店に入り、金沢の海産物を堪能した。気が付けば、後日金沢に関心がある知人におすすめしている自分がいた。「金沢だったらいい店知っているよ。分かりにくいから通り過ぎないように気を付けて」。自尊心が満たされた田中の表情は、ほころんでいたに違いない。

究極はロゴのない高級ブランド品、看板のない高級飲食店に行きつくであろう。ロゴや看板を排すことで、かえって特別感が出る。決して目立たず、口コミだけでゆっくりと確実に熱狂的ファンが増えていく。

注

1 宍戸と田中が現地取材。

2 田中が本人にインタビュー。

3 宍戸と田中が現地取材。

4 Content Marketing World 2019, Joe Pulizzi「MKTG2030」

5 グレッグ・マキューン著、高橋璃子訳『エッセンシャル思考　最少の時間で成果を最大にする』かんき出版、2014年

6 デボラ・ザック著、栗木さつき訳『SINGLE TASK 一点集中術　「シングルタスクの原則」ですべての成果が最大になる』ダイヤモンド社、2017年

7 コンテンツマーケティングに注目が集まっている背景について、JADEの伊東周晃は、検索エンジンの進化があると指摘する。グーグルをはじめとする検索エンジンで、上位表示されることは、企業にとって重要だ。なぜなら、検索したユーザーが自社のウェブサイトを訪問して

くれる確率が上がるからである。このように上位表示を目指す施策を、SEO（検索エンジン最適化）と呼ぶ。

伊東によると、かつてのSEOは極めてテクニカルな施策だった。どれだけウェブサイトに特定のキーワードが含まれているか、また、どれだけ自社のウェブサイトやページが他ウェブサイトに引用されているか。検索エンジンは、このようにシンプルな要素で評価していたという。テクニックを駆使すれば、比較的容易に検索順位を上げることができた。ユーザーの満足度という観点に乏しい評価手法だったわけだ。しかし、検索エンジンが進化し、今ではウェブ上でのユーザー行動までを捕捉するようになった。検索ユーザーがどのページを閲覧してから特定のページを訪問したのか。その後、どういった行動をとったのか。こうした膨大なデータを集め、検索結果に反映させるようになった。人間が良いと感じたページを、検索エンジンも評価しているわけだ。

そこでにわかに脚光を浴びたのが、コンテンツマーケティングである。コンテンツマーケティングでは一般に、ペルソナと呼ばれるターゲットとなる顧客像を描く。そのペルソナがどういったコンテンツに触れ、どう思考し、どう行動するのか。こうした一連の流れを、カスタマージャーニーと呼ばれる戦略に落とし込んでいく。カスタマージャーニーでは、ペルソナの検索行動を想定することも多い。ユーザーのニーズとかけ離れた検索結果を想定してしまえば、戦略が破綻してしまう。

検索エンジンがユーザーの満足度まで踏み込んで評価するようになった結果、ユーザーの役に立つ、本質的なコンテンツが評価されはじめた。結果、コンテンツマーケティングやカスタマージャーニーの有用性が飛躍的に高まったのが、今の環境なのである。

8 コンテンツマーケティングにおいては、オーディエンスとサブスクライバーはほぼ同義だ。サブスクライバーとは、企業（ブランド）と関係を持ちたいと考え、自ら進んで企業に個人情報を差し出し、実際に直接つながっている状態の人を指す。

9 コンテンツマーケティングやマーケティングZENにおいて、コンテンツ制作は必須である。コンテンツ企画のヒントとなるのが、ジョー・ピュリッジが著書『Content Inc.（第2版）』の中で提唱する「Content Inc. モデル」だ。同モデルでは、スイートスポットを発見すること、コンテンツを傾ける（もしくは尖らせる）ことの重要性を説いている。

　スイートスポットは、自社の専門性と世の中のニーズの2つの円が重なり合う部分を指す。ここでいう専門性とは、専門知識と特別な技能に分けられる。それぞれをすべて棚卸しした後、ターゲットとなる層について量的・質的データを集める。質的データについては、見込み（潜在）顧客の悩みや課題をデプスインタビューによって掘り下げていく。

10 パタゴニアのウェブサイト　https://www.patagonia.jp/patagonia/writer-2458.html

11 パタゴニアのウェブサイト　https://www.patagonia.jp/stories/2025-or-bust/story-74769.html

12 パンガイアのウェブサイト　https://pangaia.com/pages/about-us

13 グーグルのリスティング広告を田中が確認。

14 『VOGUE日本版』「ジャスティン・ビーバーも愛用。『パンガイア』の〝廃棄花〟を使用したダウンJK。【イットなサステナブランド】」 https://www.vogue.co.jp/change/article/pangaia

15 田中森士著『カルトブランディング』祥伝社新書、2021年

第7章

顧客との関係性を整えよう

顧客と感動を分かち合う

熊本市中心市街地の雑居ビル3階に、かつて居酒屋「HERO海（ヒーローうみ）」1号店があった。アーケードからは離れており、しかも3階という居酒屋にとっては不利な立地。それでも、連日行列ができるほどの賑わいであった。

創業者の三瀬広海は、熊本県の港町・牛深で生まれ育った。父親が経営する牛深の食堂で修業を積んだ後、愛知県へ移住。独立資金を貯めるため、県内の自動車工場で働いた。

平日は工場に勤務し、週末は同県東海市の居酒屋で修業した。当時業界内では「伝説の居酒屋」として知られていた店だ。

三瀬には当時から「日本一の居酒屋を作りたい」という思いがあった。修業先のオーナーに「学ばせてください」と頭を下げ、ホールと厨房に入りながら居酒屋経営のノウハウを学んだ。

独立資金が貯まると、三瀬はすぐさま熊本に戻り、同級生3人と共に居酒屋「HERO海」を立ち上げた。当然、実績も知名度もない。客がゼロの日もあった。閉店後は連日、三瀬を含む4人で議論した。「どうすればお客さんに来てもらえるだろうか」と。

4人が出した答えは「お客さんを感動させること」。それからというもの、客を感動させる術を考え続けた。たどり着いたのが「客の想像を超えるサービスの提供」だった。常連客の場合、1杯目に頼むドリンクはほぼ確実に予想できる。客の様子を見て、想像を働かせる。いつもビールを注文するお客さんだ。仕事帰りで疲れており、喉も渇いているな。そう判断すると、客が着席した瞬間に、生ビールのジョッキを提供する。客は驚き、感動する。

常連客の誕生日を把握し、「ハッピー・バースデー・トゥー・ユー」の歌と共に、ロウソクに火をつけたケーキを運んだ。今でこそ実施する店は多いが、当時は画期的なアイデアであった。客は泣いて喜んだ。

経営を続けるうちに三瀬は、客と店、客と従業員とのつながりが強固になっていくのを感じた。従業員と常連客が参加する、バーベキューやイベントを企画。参加者同士が結婚するケースも何度もあった。その度に三瀬は、体の奥底から熱いものがこみ上げてくるのを感じた。

当初は売り上げ増のために、客を感動させようとしていた。しかし、次第に客を感動させること自体に喜びを感じるようになった。

「心から感動してもらいたいと思えるお客さんたちとの出会いがあった。うちの店はお客さんに育ててもらったんです」

そう現在の事務所で語る三瀬の頭上には、「感動の創造」と書かれた紙が額装されている。事業は拡大したが、今でも大切にしている言葉なのだという。三瀬は、感動を創造するために自分たちが存在していると言い切る。

HERO海では、次第に顧客がパーパスに共感してくれるようになった。常連客の中には、「友人を感動させたい」と考える者が出てきた。連れてこられた友人は、サービスに驚き、そして笑顔になる。そのことに常連客も喜びを感じる。「感動の創造」への共感が広がっていった。

「気がつけば、お客さんたちとパーパスを共有する関係性が構築できていた。当初は意図していませんでしたが、結果的にこの関係性が売り上げにもつながったのだと思います」

HERO海のストーリーには続きがある。第3回居酒屋甲子園で優勝したのだ。目指していた日本一の座。三瀬は「お客さんとともにつかんだ栄冠です」と穏やかに振り返った。

伝統的な商品を新たな顧客に届ける

仏具のおりんを製造する二方屋（京都市南区）は、ある時から問屋との取引を減らした。

創業は天保14年（1843年）と伝わる。京都深草の地に誕生した。現在は、白井克明が五代目として会社を背負う。

すべての工程で手作業にこだわり、大量生産とは一線を画す。近年人気を博しているのが、直径数センチの小さなおりんだ。小さいながらも澄んだ音が長く鳴り響く。「音色を聞くと気持ちが落ち着く」として、主に30〜40代の女性から支持を集めているという。

二方屋が仕入れるのは、土と錫と銅のみ。土は焼き物に仕立て、おりんを鋳造するための型として使用する。型は1回使用したら使えなくなる。常に一定数を用意しておく。型で品質が決まるといい、手は抜けない。手作業で土をこねて、丁寧に型を作っていく。焼き上がった型は、鋳込みで活躍する。2種類の型を重ね、その間に「砂張《さはり》」と呼ばれる錫と銅との合金を流し込む。音に最も影響を与えるのは金属であり、0・01%でも成分が変われば全く違った音となる。

180もの工程の仕上げとなるのが音の調整だ。一つひとつ音を鳴らしては、心地よい音になるまで手作業で削っていく。

二方屋の小型おりん「舞妓りん」

もともとは仏具問屋との取引が主であった。経営は安定していたが、人々のライフスタイルの変化に伴い、おりんの需要は減少傾向にあった。おりんは仏壇とセットで販売されるのが基本であり、仏壇自体の需要が激減したからだ。問屋からの発注も減り、白井と妻・昌子は危機感を抱いた。数年後、売り上げがどうなっているかわからない。このままでいいのだろうか、と。

2人は大きな決断を下す。問屋との取引を思い切って減らし、オリジナルブランドを立ち上げることにしたのだ。それまでは、エンドユーザーにおりんの価値を伝えることが難しいという課題があった。直接販売に乗り出すことで、これらを顧客に伝えられる。二方屋の歴史と伝統を継承していくことにもつながる。

同時に、新たな消費者ニーズを意識した。二方屋には、創業者の「使うてくれる人が喜んでくれたらいいんや」という言葉が伝わる。歴史と文化を守りつつ、顧客満足度を追い求めることは、二方屋の伝統でもあったのだ。

その結果誕生したのが、「舞妓りん」シリーズだった。女性をターゲットに設定。サイズ展開は一寸四分、一寸五分、一寸八分の3種類で、いずれも手のひらの上に収まる。都市部の比較的狭い物件であっても置き場所に困らない。気軽に持ち運べるため、旅行や出張のお供にする人もいる。昌子は「私たちが予想しなかった使い方だが、多くの方に日常的に使っていただいていることを嬉しく思う」と歓迎する。

認知度の高まりとともに、販路の拡大を検討したこともあったが、やめた。製造できる数に限りがあるからだ。手作業で型を作るのに膨大な時間がかかるため、年に数回しか型を焼くことができない。かといって、工房の規模を拡大するつもりもない。「こだわったおりんを作っている工房が京都にある。このことを多くの人に知ってもらいたい。規模の拡大は求めない」。二方屋の総意だ。

多くの人に知ってもらいたい。この言葉を裏付けるかのように、昌子は全国の百貨店で開かれるイベントに頻繁に出展している。2021年に仙台で開かれたイベント。東京からたまたま出張で訪れたという男性客に対し、昌子は決して売り込むことなく、おりんや二方屋の歴史について笑顔で説明していた。男性客は昌子の説明に熱心に耳を傾けた後、2万円以上する一寸八分のおりんの購入を即決した。昌子は「ありがたいですねえ」と、田中に同意を求めるように語りかけた。その言葉は、お金が入ったことに対してではなく、また一人、二方屋のことを深く理解してくれた人が増えたことに対してであることは、容易に想像できた。

「自分たちのペースで今やっていることを続けていくだけです」。二方屋がこれからも歴史を紡いでいくことを予感させる、昌子の力強い一言であった。

1000人の忠実なファン

マーケティングZENではビジネスに関係するすべての要素を整える必要がある。顧客との関係性も然りである。HERO海は、顧客との間でパーパスを共有する関係性を整えることができた。結果的に売り上げにつながった。

自他非分離を意識することで、自然と顧客との関係性が整い始める。事業者も顧客も同じ存在であることを意識する。あらゆる人たちと関係性を整えることは不可能である。あえて企業が顧客を選ぶことも、時には必要となる。「買ってくれそうな人」をターゲットとするのではなく、「パーパスに共感してくれる可能性のある人」をペルソナとして設定する。

とはいえ、もしペルソナに近い人物が地球上に数人しかいないようなら、持続可能なビジネスなど成立しない。では、何人の顧客が必要なのだろうか。

一つのヒントとなるのが、『WIRED』誌創刊編集長ケヴィン・ケリーが2008年に発表したブログ記事「1000人の忠実なファン」[1]である。クリエイターであれば、1000人の忠実なファンがいればオンラインで生計を立てることができるという主張である。

ケリーは年間100ドルを支払ってくれるファンが1000人いれば、年間10万ドルに達すると算出。「新しい忠実なファンが1日に1人増えれば、1000人に達するのに数年しかかからない」と訴える。2008年といえば、金融危機のまっただ中であった。どんな景気状況であっても有効な考え方といえよう。

ケリーの理論を実践しているのが、音楽系出版社のカンパニー社（埼玉県所沢市）である。即興音楽の入門書や日本のフリージャズ・レコードの図説。これまであまり目が向けてこられなかった分野の書籍を世に送り出し続けている、注目の出版社である。

取次を通さないという経営方針が興味深い。ニッチな分野の本が中心になることから「全国の書店にくまなく並ぶ必要はない」と考え、書店と直接取引をしている。現在、カンパニー社の本を取り扱っているのは全国数十店のみだ。

カンパニー社代表・工藤遥は、インタビューで「1000人の忠実なファン」を参考にしていることを明かしている。ケリーの理論について「出版社に置き換えてもできるだろう」と考えたという。そこから「1000人のコアな読者がいれば持続的に活動できるはず」と導き出した。[2]

1000人程度であれば、何とか顔と名前を覚えることができるかもしれない。自他非分離の原則からすれば、顔と名前が一致しない時点で自社と顧客が分離してしまっている。1000人という単位は、マーケティングZENにおける顧客数の最大値かもしれない。

カンパニー社のマーケティング戦略は、ランチェスター戦略と呼ばれるものに近い。ビジネスは、市場規模の小さいニッチな分野であっても、そこで1位になれば成立する。ポイントは、単なる顧客ではなく「忠実なファン」を1人ずつ、または1社ずつ増やしていくことだ。忠実なファンとは、パーパスに共感する顧客と同義である。整った関係性の真の顧客ともいえよう。顧客との顔の見える関係性を維持し、忠実なファンを増やしていくことで、持続可能なビジネスが成立するのである。

ご縁を大切にする

禅語の「一期一会」はお茶の世界でも使われる。一つとして同じ出会いなどない。たとえ同じ人とお茶を楽しむにしても、状況や状態が異なれば、別の出会いとなる。その時の出会いを大切にし、悔いの残らないようお茶を点てる。こうした心構えを表したものだ。

ビジネスも、一期一会の心構えで臨みたい。顧客と接する時に、「もう二度とない貴重な機会なのだ」と意識すれば、一瞬一瞬に集中するようになる。おざなりな対応ではなく、心の通うコミュニケーションが生まれる。そうしているうちに、最初のファンが生まれる。共にパーパスを追い求める関係性が構築できれば、ご縁が広がっていく。

大多数をターゲットにするマスマーケティングでは、一期一会の心構えやご縁を大切にする精神は生まれない。ビジネスの目的が規模の拡大にすり替わってしまうリスクをはらむ。

ご縁を大切にした結果、多数の真の顧客が生まれる。すると、彼らは自ら進んでブランド（企業）のことを宣伝するようになる。知人友人への口コミやＳＮＳへの投稿など、経路は様々だ。自らと該当ブランドが深い関係にあることを盛んにアピールする。

やがて彼らは、ブランドに対して助言するようになる。パーパスに共感し、共に追い求めるようになった証左だ。ブランドを本気で愛し、かつ消費者的な感覚も持ち合わせている彼らからのアドバイスは、極めて貴重である。商品開発やサービス改善に生かすことで、ブランドはさらなる競争力を手に入れる。

レゴは、ファンの声や知見を製品開発に生かしてきた。ロンドンのビッグベンやパリのエッフェル塔など、世界の有名建築シリーズ「レゴアーキテクチャー」もその一つだ。世界の有名建築をレゴで制作していた米国の建築家に、レゴ側が製品開発を提案。2年の開発期間を経て、2008年にシリーズ第1弾を発売した。今では人気シリーズとなっている。

モーターやセンサーを用いてプログラミングロボットなどを作れるシリーズ「レゴマインドストーム」。2006年に発売された第2世代の「NXT」は、数人の熱狂的なレゴファンが開発に協力した。パーツやソフトウェア、駆動の仕組みなど、アドバイスは細部に及んだ。これまでに累計で100万セットを売り上げている。[3]

外国語学習サービスを提供するデュオリンゴは、学習コースをファンと共創している。世界中にいる熱狂的なファンたちが、「コミュニティーに貢献したい」という思いから、ボランティアで協力している。[4]

一期一会の精神でご縁を大切にすることで、真の顧客が生まれていく。真の顧客は、ブランドと共に手足を動かしてくれる。彼らとの共創は、ブランドの価値を高める契機となる。

「躙《にじ》り口」と呼ばれる茶室の入り口は、とにかく狭い。頭をかがめなければ入れない広さだ。唯一現存する千利休が建てたとされる茶室・国宝「待庵《たいあん》」のように、四つん這いになってやっと入れるくらいの躙り口もある。

一体、なぜこれほどまでに狭いのか。答えは禅につながりがある。狭い躙り口は、武士であっても刀をはずさねば入れない。茶室の中では、誰もが平等な立場となるわけだ。

ビジネスにおいては、取引時に上下関係が生じがちである。一般に、商品やサービスを提供する側は弱い。一方で、顧客の立場は強くなりがちである。これでは持続可能なビジネスは難しい。顧客の無理な要望に応え続ければ、企業の利益が確保できなくなったり、従業員が過度なストレスを感じたりしてしまう。下請け企業も同じである。クライアント企業の立場が強すぎて、原材料費が上昇しても、価格転嫁できないケースもある。

一方で、商品やサービスを提供する側が強くなるケースもある。他では作れないような唯一無二の技術を持っていたり、強いIP（キャラクターなどの知的財産）があったりすると、引く手あまたで交渉力が高まる。個人経営の店舗であっても、他にはない世界観を構築していれば、客よりも立場が強くなる。

顧客よりも強い立場のビジネスは、持続可能なようにも思える。しかし、危険性もある。顧客ニーズを捉える機会が減ってしまうのだ。いつの間にか傲慢な態度をとり、気づいた時には市場から見放されていた、なんてことにもなりかねない。もちろん、商品やサービスを提供する側が自分の道を追求することは正しい。プロとして自信を持つためにも当然のことだ。ただ、人として、顧客を下に見てはならない。

マーケティングZENでは、対等な関係性を目指すのではなく、自他非分離をただ目指す。相手との関係がいつも対等であり続けることは不可能だ。一見、対等な関係性に見えても、いつかは何かの弾みでどちらかが強くなってしまう。自分も他人もない。すべて同じ存在。対等を超えて同一の存在となることを目指したい。

「お互い様」の精神

十数年前、バックパックを背負って旅をしていた田中は、ラオス北部の古都・ルアンパバーンに赴いた。ルアンパバーンでは毎朝、鮮やかなオレンジ色の袈裟を着た修行僧らが列をなして歩く。托鉢の列である。

田中のような旅行者は、近くで販売している托鉢用の餅米や菓子をあらかじめ購入しておく。仏教徒もそうでない者も、道脇に膝をつく。静かな時間が流れる。オレンジ色の列が見えた。にわかに場に緊張が走る。鉢を手にした修行僧が目の前を通るタイミングで施す。

施しの際、何と言えばよいのか分からず困った。「ありがとう」も違うし、「どうぞ」もなんだか上から目線に思える。周囲に目をやると、誰一人として言葉を口にしている者はいない。修行僧らも同様に、無言である。「ありがとう、もないんだ」と少々驚いたことを覚えている。静寂の中、鳥のさえずりだけがはっきりと聞こえたのが印象的だった。

それから何年も経ってから理由を知った。托鉢では感謝の言葉を交わすことはない。施しを受けた修行僧が「ありがとう」と口にしたとしよう。米を施した者は、次に施す際に「ありがとう」を期待してしまう。つまり、「見返り」を求めるようになるのだ。

我々は大きな循環の中で生きている。見返りを求めてしまうと、循環の中にいる意識が薄れてしまう。すなわち、托鉢は循環の中にいるという意識を醸成するための、修行の一つともいえるのだ。

どちらかが相手に甘えるのではなく、大きな循環を意識する。何をするにしても「お互い様」。この精神が重要となる。

ビジネスの場面でも同様である。相手に依存したり甘えたりするのではなく、世の中の大きな循環の中でビジネスをしているととらえるべきだ。商品やサービスを提供する側は、プロ意識を持って顧客の求める品質を提供し続ける。対価としてお金をいただくのは当然だ。仕事の場面で感謝の気持ちを伝えることも、常識的に必要である。

しかし、大きな循環を常に意識し、お互い様の精神を理解できた瞬間、もう一段高いところから物事を俯瞰できるようになる。仕事の役割や意義も深く理解できる。事業者がお互い様の精神を身につければ、不思議と一体となるべき顧客が誰なのか見えてくる。循環を壊すような顧客とは、距離を置きたい。

顔の思い浮かぶ顧客のために

自他非分離の原則からすれば、顧客を知ることは、自分自身を知ることと同義である。思い込みでビジネスを進めれば、自分を見失う。では、どうやって顧客を知れば良いのか。

西口一希（元スマートニュース執行役員）は、『実践顧客起点マーケティング』（翔泳社）の中で、マスマーケティングと対極に位置する、顧客を深く理解するための分析手法を提示する。

西口は、「N＝多数」の調査から得られる結果は平均値であり、人の心を捉えるような商品開発やマーケティング活動は難しいと言い切る。その上で、たった一人へのインタビューをもとにした分析を、N＝1から取り「N1分析」と命名。企画やマーケティングは徹底的にN1起点で、独自性のあるアイデアを突き詰めていくことが重要であると強調する。

マスマーケティングの効果が限定的となり、分断が進んだ現代にあっては、N1分析のようなアプローチこそが最適解であると感じる。深く顧客を知ることで、自分たちのビジネスの立ち位置も微調整できる。

田中が新商品開発をサポートする際も、統計データでターゲットとなる層を定めた上で、その層に属する人物（数人）にじっくりとインタビュー（デプスインタビュー）する。その上で、詳細なペルソナを設定していく。もちろん、真の顧客がすでに一人でも存在する場合は、その人物に対してデプスインタビューをする。この際は、どうやってブランドを知ったのかや、申し込みの決め手は何だったのかなど、詳しく引き出す。

統計データやアンケートをもとにした量的データだけでは、顧客満足度を高めることはできない。圧倒的なサービスを提供することもできない。N＝1の発想で、リアルな質的データを収集し、量的・質的の双方のデータを用いよう。顧客を知ることは、自分たちのビジネスを知ることと同義なのである。

多様化する消費者に合わせた対応を

消費者のライフスタイルは変化し続けている。メディアの数や情報量が爆発的に増加した結果、可処分時間の奪い合いがおき、消費者は常に気が散ったような状態に陥っている。顧客の幸せをパーパスに掲げる企業であれば、こうした状況にも向き合うべきだろう。

2017年、米ディスカウントストア大手「ターゲット」は店舗のデザインに手を加え、同一店舗に2種類の入り口を設けた。買い物体験を楽しみたい人向けの「インスピレーション」、急に必要になった商品や頻繁に購入する商品を買ってすぐに店から出られるような「イーズ」(簡易)がそれぞれの入り口の通称である。顧客の声に耳を澄ませた結果、見えてきたニーズに応えた形だ。

賢明な企業は消費行動の多極化に対応しようとしている。英国ロンドン西部の大型ショッピングモール「ウェストフィールド」。2階には通常のアップルストアが、1階には「アップルエクスプレス」と呼ばれる店舗が入る。

レジをなくすなど美しいレイアウトにこだわった既存のアップルストアは、まさに顧客のインスピレーションにまで配慮した店舗である。ところがアップル人気の高まりとともに、混雑が常態化した。2022年6月、田中がウェストフィールドの店舗を訪れた際も、多くの人でごった返していた。

新しく設置されたアップルエクスプレスでは、オンラインで注文さえしていれば、すぐ商品を引き取れる。田中は現地で、客が商品を受け取ってすぐに店を出ていく様子を確認し

ショッピングモール「ウェストフィールド」に入るアップルストア（英国・ロンドン）

「アップルエクスプレス」の店舗。客の滞在時間は短い（英国・ロンドン）

た。滞在時間はアップルストアより明らかに短い。

日本でも、飲食店は「〇〇〇エクスプレス」のような、ショッピングセンターのフードコート向け形態を開発することもある。これは消費者のニーズに合わせたものといえよう。店舗開発において消費者への「押しつけ」は悪手である。顧客ニーズを理解した上で店づくりを進めたい。

注

1 「1,000 True Fans」 https://kk.org/thetechnium/1000-true-fans/

2 リアルサウンドブック「気鋭のマイナー音楽系出版社・カンパニー社とは？ 音楽批評の現在地を探る特別対談・前編」２０２２年2月1日 https://realsound.jp/book/2022/02/post-955289.html

3 蛯谷敏著『レゴ 競争にも模倣にも負けない世界一ブランドの育て方』ダイヤモンド社、２０２１年

4 田中森士著『カルトブランディング』祥伝社新書、２０２１年

第8章

調和しよう

地域に溶け込むブルーボトルコーヒー

米コーヒー店「ブルーボトルコーヒー」は2002年、米国サンフランシスコで産声を上げた。元クラリネット奏者という経歴の創業者、ジェームス・フリーマンは、自宅倉庫でコーヒーの焙煎をするうちに、コーヒーの世界にのめり込んでいく。やがてファーマーズマーケットに出店するようになったフリーマンは、コーヒーを1杯ずつ淹れて提供するようになった。当時の米国では珍しいスタイルだったが、じきに地元の人々に支持されるようになる。[1]

2005年、フリーマンはサンフランシスコのベイエリアに店舗を出した。鮮度と味にこだわったコーヒーは話題を呼び、地元民やコーヒー好きらが集うようになる。[2] 2015年には、海外1号店となる店舗を日本の東京・清澄白河に出店。フリーマン自身は清澄白河を選んだ理由について、コーヒー豆を焙煎する工場が必要だったこと、ゆったりとした雰囲気がありリラックスできることなどを挙げているが、[3] カフェの少ないエリアだったこともあり、国内メディアからは驚きを持って受け止められた。

オープンして日が浅い頃、田中は同店を訪れている。近くに東京都現代美術館や清澄庭園がある、落ち着いたエリアだ。最寄り駅から歩いていくと、白い壁に水色のボトルが描かれた、印象的なデザインの店舗が目に飛び込んでくる。店舗の外観も内装もシンプルかつスタイリッシュ。無駄のないデザインは、アップルストアを彷彿とさせる。その時は長蛇の列で、1時間近く並んだ記憶がある。しかし店舗を眺めていたらあっという間に時間が過ぎた。

文化の薫りのする清澄白河エリアにあって、ブルーボトルコーヒーの近代的な建物は、不思議と周辺と調和している。その理由は、店舗のテーマ設定のプロセスにある。フリーマンは、土地の文化や歴史を理解していく中でインスピレーションを受け、新店舗のテーマを決めるという。[4] 無秩序な開発ではなく、調和を意識しているわけだ。創業者の思いが、環境と溶け合っている。

もちろん、整ったブランドであることは重要な要素だ。コンセプトが不明瞭なブランドであれば、いかに土地のことを理解しようとも、調和した印象を与えることはできない。目的が明確な、禅的なブランドであれば、強烈な個性を発揮しながらも、周辺や全体と調和する。

個性と調和のバランス

調和とは、全体が整った状態を意味する。マーケティングＺＥＮでは調和を重視する。一社だけが利益を独占する。成功によって誰かが苦しむ。こうした状況は調和とは言い難い。

一方で、マーケティングＺＥＮでは、ありのままの自分を出すことを求める。自分らしさと調和は共存し得るのか。結論から言えば実現する。多くの人や企業がありのままの自分を出せば、それらは自然と調和するのだ。

山に自生する花々を想像してほしい。花自体は個性の塊であるが、自然の一部、山の一部としてしっかりと存在している。調和している状態といえる。自然界は本来、多様性にあふれている。原生林は、多様な植物が繁茂している。それぞれの植物は個性的であるが、全体を俯瞰すると調和している。かつて人類はそうした環境の中で暮らし、狩猟採集によって生活していた。ある時から人類は定住し、一つの土地で同じ作物を育てるようになった。結果、自然、そして人類から多様性は失われていった。この流れは現代まで続いている。調和とは程遠い状態である。

自分たちがもうかればそれでいい。利益を独占したい。売り上げのためには誰かを貶めることもいとわない――。こうした考えは、調和を乱すものである。外来生物が、生態系を破壊するようなものだ。

個性を出しつつも、ステークホルダーとの関係を大切にし、循環を生むことが、マーケティングZENの世界では求められる。「三方よし」の精神で知られる近江商人は、調和することを大切にしてきた。近江商人は、見込みがあると判断した近江国外の地域へ、毎年行商に出かけた。世の中の一員としての自覚を持ち、不義理をせず迷惑をかけないように絶えず周囲や世間の人たちのことを思いやりながら懸命に働く。そうすれば、立派に一人前の商人として認められ、やがて相当の資産を築くことができる。[5] 近江商人の多くはこのように考えていた。

成功した近江商人は、正当に得た利益を社会に還元している。飢饉の際に困窮する人々に米や現金を施したり、景気浮揚策として神社仏閣の修築をしたりした。[6]

和洋菓子製造販売のたねやグループ（滋賀県近江八幡市）は、「現代の近江商人」と呼ばれている。CEOの山本昌仁は、「まずは相手が喜ぶことを考える」「ビジネス相手だけでなく世間の利益も考える」「細く長くであっても組織の永続を優先する」など、たねやグループの経営スタイルがかつての近江商人に似ている部分が多いと認めている。社員に対しても「お客様を喜ばせることだけを考えろ。お客様の顔だけ見ていれば、数字は後からついてくる」と伝えている。[7]

短期的な利益を目指すのではなく、全体のことだけを考え続ける。そうすれば企業は社会全体と調和した存在となる。調和すれば世の中における存在価値は高まり、組織の永続性が高まるのだ。

「アメーバ経営」は全体のことも考慮する

稲盛和夫は、アメーバ経営を考案したことでも知られる。京セラに導入し、日本航空でも実践した。
アメーバ経営とは、全体のオペレーションを必要に応じて「アメーバ」と呼ぶ小さな組織に分割し、アメーバごとに経営実績をリアルタイムに把握する経営手法である。[8]各アメーバ組織にはリーダーがおり、アメーバ組織単位で売り上げや経費を計算。経営感覚を身につけてもらうことも狙いの一つだ。[9]
稲盛は、アメーバ経営が「マーケットの変化に会社全体がリアルタイムに対応することができる、まさに市場に直結した経営管理システム」であると説明する。工程ごとにアメーバ組織が存在し、アメーバ組織間では売買のやりとりが生じる。各アメーバ組織はそれぞれ独立採算のため、場合によっては利害がぶつかり合う。しかし稲盛は、「本来、各部門は自分たちの部門を守り、発展させることに賢明に努めるとともに、会社トータルとしての利益を最大にするために全力を尽くさなければなりません」と強調。その上で、個と全体との調和が大切であると訴える。[10]
ビジネスプロデューサーの谷中修吾は「縄文型ビジネス」の有用性を訴える。谷中は、縄文人が自然と共生したように、企業もすべてのステークホルダーと協調的なパートナーシップを結ぶべきだと訴える。また、リターンへの期待をやめて、「ご縁」とともにビジネスを紡いでいくことを提案する。[11]独善的であれば、ご縁を感じることも紡ぐこともできない。調和を意識することによってご縁が広がっていく。

個性を生き生きと発揮しつつ、全体との調和を目指す。つまり全体を構成する一つひとつのステークホルダーたちとの関係性を整える。そうすることで、ビジネスはひとりでに回り出す。

仲間のために行動するスケーター経済圏

2020年の東京五輪で日本勢が活躍したこともあり、スケートボードに注目が集まっている。国内のスケートボード店の売り上げは数年前と比較して大きく伸びている。[12] 五輪後は体験イベントが全国各地で開催されたり、世界大会が国内で開催されたりと、熱は高まる一方である。

しかしながら、こうした商業化された世界大会は、本来のスケーターカルチャーとは異なる位置にあり、あえて距離を置くスケーターも多くいる。[13]

彼らのフィールドはストリート。スケートボードはストリートカルチャーの一形態だと、スケーターの多くが認識している。[14] 路上で社会規範と闘いながら自己表現を続けてきた彼らにとって、商業化したスケボーは「なんか違うもの」なのだ。[15]

スケーターの経済圏は興味深い。損得勘定抜きにお金が回るという特徴がある。英国の建築史家のイアン・ボーデンが言うように、スケーターたちは、一般的な社会規範とは異なる新たな世界を作り上げてきた。[16]彼らは現代経済の枠組みに当てはまらない。物もサービスも生産せず、ただ喜びに導かれる活動に取り組んでいる。[17]大量生産・大量消費とは一線を画し、ストリートやコミュニティーと調和することだけを意識している。

昔も今もマイノリティーである彼らの仲間意識は強く、お互いを助けながらスケボーを続けてきた。彼らの多くが、「スケートシーンを盛り上げたい」という思いを持っている。思いを共有する人々が集まると、コミュニティーが成立する。彼らは同じコミュニティーに所属しつつ、スケートシーンを作り上げてきたのだ。

同じ思いを持った彼らは、経済をコミュニティー内で回そうとする。田中は昔からスケーターの知り合いが多いが、彼らは買い物する際、スケーター仲間の経営する店舗を選択する。一度スケーターの男性に、なぜ仲間の店で買うのか尋ねたことがある。男性は一瞬戸惑ったような表情を見せた後、「なんでって言われてもなあ……仲間のところで買うのは当たり前でしょ」と語った。

彼らの行動は調和を意識したものに見える。スケートボード業界関係者は田中の取材に対し「彼らは決して見返りを求めているわけではなく、スケートシーンを盛り上げるため、また、コミュニティーの結束を強化するためにそうしているのだろう」との見立てを示す。

スケーターは自身のスタイルを[18]追い求めつつも、シーン全体を盛り上げることを大切にする。注意深く世の中を観察すると、こうしたコミュニティーは至る場所、業界に存在する。

個々が自分らしさを出しながらも、全体のために行動する。共通するのは、そのエリアやカルチャーを盛り上げたいという思いだ。個と全体の調和である。

業界やカルチャーを盛り上げることをビジネスのパーパスに設定するのは有効だ。事業者という個が、ビジネスを通して業界やカルチャーという全体と調和していく。事業者と真の顧客が共に手を取り合って、パーパスの実現に向かって突き進む。そこに私心はない。

環境問題への意識で先を行く欧州

ビジネス界でも「サステナビリティー」の重要性が叫ばれるようになった。

環境にダメージを与えるようなビジネスは、自他非分離の考えから見ても矛盾する。企業は経済社会の一員である前に、宇宙船地球号の一員である。環境を破壊する行為は、調和の観点でも相容れない。調和を重視するマーケティングZENにおいて、地球環境の破壊は御法度だ。地球環境という「全体」を強く意識する企業は、自ずとマーケティングZENの枠組みに入ってくる。その最先端にあるのが欧州である。

欧州のサステナビリティーに対する意識は極めて高い。日本のはるか先を行っている。メルカリ社長の山田進太郎は、パンデミック前まで、毎月必ず海外に出かけ、年に少なくとも2カ所、行ったことのない国を訪れていた。2021年11月、2年ぶりに国外へ飛び出し、英国、ドイツ、フランスなどを訪問。現地のサステナビリティーに対する意識、そして熱量の高さを体感する。『NIKKEI The STYLE』のインタビューに「世界で選ばれるサービスになるためには、欠かせないどころか真っ先に問われる価値観であることを思い知らされた」と率直な思いを語っている。[19]

田中も2022年6月に2年4カ月ぶりに国外へと出て、欧州各国を回った。いくつかのカンファレンスに参加し、現地のビジネスパーソンと議論する中で、あることに気づいた。日本は「どうやってパンデミック前の生活やビジネス環境に戻すか」という議論が中心だが、欧州では「どうやってより良い世界に向けて前進していけるのか」という点に意識が向いている。ベクトルが逆なのだ。

その結果が、サステナビリティーのさらなる追求であった。現在の欧州には、地球環境を考えようという共通認識があり、消費者やメディアの監視も機能している。サステナビリティーに注意を払わなければ、いや、サステナブルな社会実現のための取り組みをやり抜かなければ、消費者から選んでもらえない時代に突入している。

独オーガニックガーデンAGの取り組みは参考になる。サステナブルな方法で食品を生産するスタートアップだ。植物由来の「グリーンウィンナー」を使用したホットドッグは、肉、保存料、添加物、着色料を一切使用していない。[20] 将来的には、長距離輸送や二酸化炭素の排出から距離を置く、サステナブルな「ハイテク農園」の実現を目指している。[21]

日本では、SDGsという単語を目にする機会が増えた。国連が2030年を達成期限として掲げる、持続可能な開発目標を意味する。

各企業はこぞってSDGs関連の取り組みについてプレスリリースの形で発表している。ところが注意深く観察すると、ある事実に気づく。「木を○本植えました」という活動内容は確認できても、活動の結果、地球環境への負荷がどれだけ軽減されたのか、全く分からないケースが散見されるのだ。果たして本当に持続可能な世の中につながるのか、訝しい。

一方の欧州では、「グリーンウォッシュ」に対する批判が年々高まっている。見せかけの環境配慮や環境訴求のことだ。企業の環境や社会問題への取り組みを考慮し、企業統治の質を見極めた上で投資を判断する「ESG投資」[22]が普及する欧州。環境への取り組みも投資判断の材料とされることから、グリーンウォッシュには厳しい目が向けられる。2022年5月31日、ESG投資をめぐるグリーンウォッシュの疑いで、独検察・金融当局がフランクフルトにあるドイツ銀行本店を捜索したことは記憶に新しい[23]。

各企業はどれだけ地球環境への負荷を軽減できたのか、ファクトを示す努力を怠らない。アシックスは、温暖化ガスの排出量が1・95キログラム（二酸化炭素換算）のスニーカーを開発した。従来、排出量が最小のスニーカーは、4・3キログラムだった。1・95キログラムは、その半分以下の排出量となる。同社は今後、製品化を目指すという[24]。スニーカーに限らず、メーカーが何かを製造するにあたっては、製造過程だけでなく、輸送や廃棄においても温暖化ガスが排出される。持続可能な環境、持続可能なビジネス実現のため、グローバル企業を中心に、温暖化ガスの排出削減を目指す研究に余念がない。

日本でも、サステナブルな新素材やアップサイクル（もしくはリサイクル）商品が徐々に増えてきた。こうした素材や商品であっても、製造・加工過程で地球環境にダメージを与えており、総合的に見るとむしろそのダメージは通常製品よりも大きくなるケースがある。製造工程が必ずしも透明性を持って公開されているわけでもない。日本におけるサステナブルな取り組みは、ブラックボックスであることが多いのだ。グリーンウォッシュが疑われるケースもある。

そもそも、本気で地球環境のことを考えていれば、どれだけ地球環境への負荷を減らしたのか、結果を明らかにするはずだ。グリーンウォッシュなど起こるべくもない。

透明性の担保が不可欠

サステナビリティーの実現のために不可欠なのが、透明性の担保である。欧州企業は行動指針に「透明性」を打ち出し、競い合うようにサステナビリティーに関する情報を顧客に届けている。背景にはグリーンウォッシュへの批判もあるが、創業者の強い思いがそうさせているケースも多い。そこにブラックボックスなど存在しない。

サステナブルな家庭用品やナチュラルコスメを製造する独エバードロップ。「人々がより持続可能なライフスタイルを簡単に実現できるような製品を毎日作る」ことを理念に掲げる企業だ。

同社を代表する製品の一つが、タブレット型の洗浄剤である。容器に水を入れてタブレットを投入するだけで、すぐに使える洗浄剤となる。使い捨てのプラスチック容器を何度も使用できる設計だ。同社は「プラスチックが悪なのではなく、使い捨てプラスチックが悪いのだ」[25]という明確な哲学のもと、使い捨てのプラスチックを排除することを通し、二酸化炭素排出量の削減に成功。スタイリッシュなパッケージも相まって、欧州で人気が高まっている。

削減した使い捨てプラスチック容器の数、７８０万６８３８個。削減した化学物質の量、１０８４トン。削減したプラスチックフィルムの面積、12万54平方メートル。同社のウェブサイトには、膨大な情報が分かりやすいデザインで公開されている。カーボンフットプリントに対する同社の考え方や二酸化炭素排出量の計算方法など、まるで論文のような、それでいて読みやすいデザインのページも多数用意されている。サステナビリティーに関心がある顧客は、ウェブサイトを閲覧することで安心して同社製品を購入できる。

バッグブランドの英ビーン・ロンドンも、透明性を担保することで、顧客からの信頼を勝ち取っている企業だ。創業者のジェニア・ミネバは、ＢＢＣのニュースルームに勤務経験の

バッグブランド「ビーン・ロンドン」のウェブサイト

ある元ジャーナリスト。その後、国連などのキャンペーンに携わった人物である。

同社はリサイクル素材を研究し、持続可能なビジネスを生み出すことに成功している。[26] 最大の特徴は、すべての製品の素材が廃棄物に由来すること。廃棄物を回収し、新しい素材に作り変える、いわゆる「アップサイクル」を実践する。同社ウェブサイトには、パイナップルの葉やリンゴの皮を用いたヴィーガンレザーなど、様々な素材の製造工程が公開されている。[27]

公開されている情報はこれにとどまらない。二酸化炭素の吸収に役立つアマゾンの再植林を支援しており、同社のバッグが1つ売れるごとに1本の木を植えていること。バッグの製造や配送で生じる二酸化炭素排出量は、市場に出回っている他社製品より平均87%少ないこと。透明性の高さが同社のブランド価値を高めている。

田中はここで紹介した2社の代表と対面で話したことがあるが、2人とも柔和な笑顔の中にも、強い信念が見える人物であった。同時に、地球への愛も感じられた。欧州では資金調達する上でも環境への配慮は欠かせない要素となっており、事実2社は必要な資金を調達することに成功している。

「最新のiPhoneは持っていない」

潮目は変わっている。2022年6月にフランス・パリで開かれたテクノロジーとスタートアップに特化したカンファレンス「ビバ・テクノロジー」(ビバテック)に、かつてアップルで開発チームを率いたトニー・ファデルが登壇した。[28]

誰もが知るiPodとiPhone。ファデルは、アップルでiPod(18世代)とiPhone(3世代)の開発チームを率いていた。これらのプロダクトは、『タイム』誌が選ぶ「史上最も影響力のあるガジェット50選」(2016年)にも選ばれている。

現在、投資家・起業家として活動するファデルは、ビバテック開催地であるフランスの企業に、200以上の直接投資をしている。特に「地球や社会に良い影響を与え、人々を助ける破壊的なテクノロジー」を対象としているという。

「地球を劇的に改善できる企業を(常に)探している」と投資のスタンスを語るファデルは、実は最新のiPhoneを持っていないという。「毎年新しいiPhoneを消費する必要はない。私たちは地球のために賢い選択をせねばならない」と言い切り、大量生産・大量消費社会に対し疑問を呈す。さらに、「出荷から梱包、収益源まで、ビジネスのあり方に配慮する必要がある」と強調。ビジネスモデル自体を、当初から環境に配慮したものにすべきだとの考えを示した。

　ファデルが同年5月に出版した新著『Build』[29]には、同書に関する「サステナビリティー情報」が掲載されている。まるで食品の栄養成分表示のようなデザインで、本の原材料や印刷の詳細、役目を終えた後どうなるのかなどが分かるようになっている。

ビバテックの会場（フランス・パリ）

　ファデルのような長きにわたりビジネス界の最前線にいる人物が、地球環境に配慮し、環境への影響を極限まで減らそうとしている事実が胸を打つ。また、新著での取り組みのように、ビジネスモデルの検討段階で地球環境のことを考える視点は新鮮だ。

　ファデルの行動は、ビジネス界には構造的に「サステナブルでない事業」が多数存在するという、不都合な事実を浮かび上がらせるものでもある。環境破壊が待ったなしの状況まで来ていることを、強く意識させられる。

サステナブルで注目を集める日本のスタートアップ

先述のビバテックは、あくまでテクノロジーにフォーカスしたカンファレンスである。ところが、ファデルのセッションからも分かるように、明らかに「環境」や「サステナビリティー」がテーマとなっていた。主催者は冒頭、メディア関係者に向けた挨拶で「我々はサステナビリティーを意識している」と言い切った。サステナビリティーを追い求める企業を集めたエリアが、会場内の目立つ場所に設けられていた。欧州全体が何を志向しているのかよく分かる。

この分野で欧米の後塵を拝している日本だが、それでも会場で注目を集めた日本企業もいくつかあった。会場を歩いていると、ブースに人だかりができていた。のぞき込んでみると、ソファーのような形状の車体に車輪がついた、見たことのない乗り物が展示されている。順番待ちをして乗ってみる。車体はインフレータブル構造（空気圧で膨らむ風船構造）のため、座面が柔らかい。手でレバーを倒すと、その方向にゆっくりと動き出す。

乗り物の名前は「poimo（ポイモ）」。メルカリの研究開発組織「mercari（メルカリ）R4D」や東京大学大学院工学系研究科川原研究室などから成る研究チームが開発し、R4Dが社会実装を進めている。R4Dの山村亮介によると、金属や樹脂といった素材より軽く、エネルギー消費を減らすことができる。車体が柔らかいため、衝突安全性を高めることもできる。車体の素材は、リサイクルが可能だ。

ビバテック側からの期待も熱いようで、山村によると今回主催者側から招待を受け、出展を決めたという。

「poimo（ポイモ）」に乗る「mercari（メルカリ）R4D」の山村亮介（フランス・パリ）

ファーメンステーション代表の酒井里奈（フランス・パリ）

別のエリアには、未利用資源を活用し循環型社会の実現を目指すスタートアップ「ファーメンステーション」が出展していた。

同社は東京と岩手県奥州市を拠点にサステナブルな化粧品原料を開発・製造している。食品工場の製造過程で出る未利用資源を活用するなど、アップサイクルを実現している稀有な企業だ。同社はエタノールも製造しており、製造過程で生成される発酵粕は化粧品の原料や飼料として利用。鶏糞は水田や畑の肥料として使用し、廃棄物ゼロの循環型モデルを組み立てている。

ファーメンステーションのブースも、行列ができるほどの人気であった。代表の酒井里奈は、「日本とは違い欧州はアップサイクルや循環型社会への関心が極めて高い。私自身、反響の大きさに驚いている」と率直な思いを口にする。

日本企業も、サステナビリティーの波からは逃れられない。決して点数稼ぎのためではなく、地球環境との調和という、自他非分離の視点で能動的に取り組みたい。

注

1 ブルーボトルコーヒーウェブサイト内のブログ記事「ブルーボトルコーヒーとは」https://store.bluebottlecoffee.jp/blogs/blog/aboutbluebottle
2 同前
3 『ITmedia ビジネスオンライン』「ブルーボトルコーヒー創業者が語る、日本進出が必須だった理由」
4 『AMP』「〝こだわりと成長〟の両立に『挑戦』。体験重視で店舗展開するブルーボトルコーヒーの思想」
5 末永國紀著『近江商人学入門 改訂版 CSRの源流 三方よし』淡海文庫、2004年
6 西口敏宏、辻田素子著『コミュニティー・キャピタル論 近江商人、温州企業、トヨタ、長期繁栄の秘密』光文社新書、2017年
7 山本昌仁著『近江商人の哲学「たねや」に学ぶ商いの基本』講談社現代新書、2018年
8 『稲盛和夫OFFICIAL SITE』内「アメーバ経営が持続的な企業成長をもたらす」https://www.kyocera.co.jp/inamori/special/lectures/amoeba/index.html
9 同前
10 同前
11 谷中修吾著『最強の縄文型ビジネス イノベーションを生み出す4つの原則』日本経済新聞出版、2019年
12 スケートボード業界関係者に田中が取材。
13 同前
14 田中研之輔著『都市に刻む軌跡 スケートボーダーのエスノグラフィー』新曜社、2016年
15 スケーターの男性に田中が取材。
16 イアン・ボーデン著、齋藤雅子、矢部恒彦、中川美穂訳『スケートボーディング、空間、都市

身体と建築』新曜社、2006年

17 同前

18 スケーターたちは「スタイル」という単語をよく使う。「あいつはスタイルがある」「あいつのスタイルはヤバい」といった使い方をする。その人物がスケートボードで滑る中で滲み出る「その人物らしさ」などを意味する。スタイルがある人物は、個性の塊である。いかに優れたテクニックを持っていても、スタイルが見えてこなければ、あまり印象に残らないスケーターとなってしまう。一方で、テクニックがそれほどなくとも、そのスケーターにしかないスタイルを出せれば、後世まで語り継がれる存在となる。

19 『NIKKEI The STYLE』「My Story」

20 https://www.food-service.de/maerkte/news/organic-garden-muenchen-signature-store-auf-dem-viktualienmarkt-48180およびビバテックでのプレゼンテーション。

21 オーガニックガーデンAG公式サイト　https://www.organicgarden.de/farm

22 『日経MOOK　実践!ESG投資　SDGs時代のメガトレンド』日本経済新聞出版、2021年

23 『ニューズウィーク日本版』「環境先進国ドイツのドイツ銀行に『グリーンウォッシュ』疑惑」https://www.newsweekjapan.jp/stories/business/2022/06/post-98812.php

24 『日本経済新聞電子版』「アシックス、温暖化ガス世界最少のスニーカー開発」

25 2022年6月にロンドンで開かれた小売業のカンファレンス「ショップトーク・ヨーロッパ」より。

26 https://www.forbes.com/sites/loreleimarfil/2021/01/06/new-brand-to-know-been-london/

27 https://been.london/pages/materials

28 田中が現地で取材。

29 Tony Fadell (2022) Build: An Unorthodox Guide to Making Things Worth Making. Bantam Press

第9章

自分の時間軸を見つけよう

時間軸を変えればブランド価値は高まる

米テキサス州西部の山中に、建設中の「1万年時計」がある。1年に1回だけ針が進むというこの時計。資金を投じたのはアマゾンのジェフ・ベゾスである。完成すれば、高さ約152メートル（500フィート）となり、地球の熱サイクルを動力源とする予定だという。[1]ベゾスは1万年時計を「長期的思考の象徴」と表現する。[2]

創業者から3代続く喫茶店「六曜社珈琲店」（京都市中京区）。かつては文化人や学生運動家といった多数の常連で賑わい、タバコの煙で店内は靄がかかったようだったという。[3]創業から70年を超える歴史があって今なお、地元民や観光客らで賑わう人気店だ。街並みに溶け込んでおり、時間が止まったような不思議な佇まい。職人気質のマスターが、自家焙煎したブレンド豆を丁寧にハンドドリップする。[4]京都になくてはならない六曜社の創業者・奥野實は、「100年続く喫茶店を」との思いを胸に秘めていたという。[5]

コーヒー伝来の地とされる長崎には、日本初の観光コーヒー園「長崎スコーコーヒーパーク」（長崎県大村市）がある。園の歴史は1968年にまでさかのぼる。3歳からコーヒーを飲んで育ったという、無類のコーヒー好き・中島洋彦が、同年にコーヒーショップをオープン。6年後、コーヒーの苗木を譲り受けたことから、温室で試験的に栽培し始める。その後、寿古町に３００坪の温室を建設。今では２００本のコーヒーの木を栽培し、年間１００キロほどの豆を収穫している。

中島は元自衛官らしくがっしりとした体軀で、背筋がピンと伸びている。80歳とは思えない若々しさだ。「私はね、とにかくコーヒーが好きなんですよ。自分の作るコーヒーが一番おいしいと思っています」と、コーヒー愛を語る。苦しい時期もあったというが、リスクを取

六曜社「地下店」の入り口（京都市中京区）

長崎スコーコーヒーパークの中島洋彦
（長崎県大村市）

り、好きなことに圧倒的な熱量で取り組んできた結果、ブランドを確立することに成功した。開園から50年を超えた。今では、全国から観光客が訪れる。同時に、コーヒー栽培を始めたい若者らも足を運んで教えを請う。[6]

長崎スコーコーヒーパークでは
200本のコーヒーの木を栽培している
（長崎県大村市）

グラフペーパーは、クリエイティブディレクター南貴之が手がけるアパレルブランドだ。ウェブサイトによると、ブランドコンセプトは「常に時代のスタンダードであり続ける大人のための上質なワードローブ」。衣服の新しいデザインは「20世紀までに出尽くした」と言い切る一方で、偉大な先人たちが構築してきた機能や概念に敬意を表しつつ、現代の都市生活に必要な機能とデザインを残したと説明している。

京都市中京区の店舗は、築100年以上の町家をリノベーションしたものだ。コンクリートを使用したミニマルな外観。しかしよく見るとコンクリートから梁が出ている。町屋の意匠を残しているわけだ。母家と蔵の間には小さな庭があり、苔の具合が素晴らしい。石は、もともとこの土地にあったものを有効活用しているという。蔵は外観をそのまま残しており、建物へのリスペクトが感じられる。[7]

ここで紹介した事例は、いずれも独自の時間軸といえる。成功者であるベゾスが、「1万年の計」で物事を考えていることは興味深い。短期的利益を目指すのではなく、パーパスに基づいて行動している明確な証左だ。六曜社は、目先の利益でなく「100年続く店」という明確なコンセプトがあるからこそ、変わらぬサービスを提供できている。長崎スコーコーヒーパークは、中島が「コーヒー愛」を長きにわたり追求し続けた結果、ブランド確立に成功した。グラフペーパーは、先人の建物、土地の記憶を次世代に引き継いでいこうとしている。

ノンフィクション作家の立花隆は、『青春漂流』[8]で様々な職業の若者たちと対話した。精肉職人に動物カメラマン、鷹匠にソムリエ。様々な職業の若者が登場し、今も第一線で活躍している人物ばかりだ。立花はプロローグでこう書いている。「いつからいつまでが青春期などと、青春を時間的に定義できるものではない。自分の生き方を模索している間が青春なのである。それは人によって短くもあれば、長くもある」。昨今の「速さ（早さ）こそ正義」が誤りであることは明白だ。人によって、時間軸は異なる。ビジネスのタイムスケールも、人によって異なる。自分の時間軸を手に入れることで、マーケティングZENは完成する。

短期的利益と信用は相反する

短期的な利益に目が向くと、ビジネスにおいて大切なものを失ってしまいかねない。大切なものとは「信用」である。

ダークパターン[9]は、ユーザーにとって不利な行動を誘発するデザインのことだ。契約解除の導線を分かりにくくしたり、ＥＣサイトでの購入時、「メルマガを受信する」のチェックボックスにあらかじめチェックを入れていたり。「いかにして顧客から金を巻き上げるか」という、企業側の下心が透けて見える。

ダークパターンに顧客が気づかないことも多いが、一度気づいてしまえば信用は地に落ちる。顧客はその企業とはもう二度と関わりたくないと感じる。

なぜ、企業はリスクを負ってまでダークパターンに手を染めるのか。答えは簡単である。会社が設定した短期的な数値目標を達成したいからである。

ひとたび信用を落とせば、取り戻すのに膨大な時間がかかる。１００年の単位で考えてみよう。ダークパターンは企業にとって合理的な選択とはいえないはずだ。１００年続く企業を作ろうとすれば、ブランドの文化を守りつつ、顧客満足度を高め続ける必要がある。信用を失うリスクのある行動は、慎むべきだ。目先の利益と引き換えに、信用を失ってしまっているようでは、１００年続く企業とはなり得ない。私たちは、今こそ百年の計でビジネスのあり方を考える時に来ている。

スカンジナビア航空は、スタッフに一定の裁量権を与えている。スカンジナビア航空の従業員が、顧客に応接する時間は、1回あたり平均15秒間（１９８６年のデータ）。顧客と接するわずか15秒が企業の印象を左右する。[10] 同社はこの15秒間を「真実の瞬間」と名付けた。真実の瞬間に、現場の判断で顧客に対応することで、顧客満足度は高まる。顧客は「この会社は信用できるぞ」とも感じる。一時的には、コストとなる判断もあるはずだ。しかし、100年続くブランドを作ろうと思えば、お金では買えない「信用」が手に入る意味で、正しい判断といえる。短期的利益と信用は、トレードオフなのだ。

腰を据えてタイミングを待つ

「時短テクニック」「すぐに稼げる」。書店のビジネス書コーナーに足を運ぶと、時間を短縮することを是とするような帯のキャッチコピーがいくつも目に飛び込んでくる。

しかし、この価値観は必ずしも正しくない。裏技や攻略本に頼ってテレビゲームをクリアしたところで、達成感や幸福感は得られない。ビジネスの世界においても同様である。時短に意味はない。じっくり物事に取り組む。壁にぶつかったら、試行錯誤してなんとか解決策を考え出す。そして時間をかけてようやくビジネスが安定してくる。その過程で人は生きがいややりがいを感じる。

なんらかの僥倖によって売り上げが急上昇したとしよう。これはかえって危険だ。組織に綻びが出たり、正しい経営判断ができなくなったりする。

田中の友人に、東南アジアで活躍する、インドネシア国籍の連続起業家がいる。彼はかつて、ポイントカードなどの機能を持たせたスマホアプリを開発した。飲食店の集客ツールとしての切り口で、使い勝手も悪くなかった。本人が納得する品質になったタイミングで、飲食店に営業をかけた。しかし反応は芳しくなかった。結局開発から数年後、彼はサービスを閉じた。

まだスマホが今ほど普及していなかった時代の話である。Tポイントに楽天ポイント、Pontaポイントにdポイント。日本国内に目をやると、今や様々なポイントシステムが存在している。しかし、スマホでポイントを貯めるという発想を、かつて我々は持ち合わせていなかった。「サービスが時代に合っていなかった。つまり早すぎたんだ」。友人はこう振り返る。ビジネスにはタイミングも重要なのだ。

タイミングがいつ訪れるのか、誰にも分からない。人間の力でタイミングを早めることは不可能だ。だからこそ、じっくりと腰を据えて、準備を進めることが必要となる。

刺激が多く、利便性の高い現代において、タイミングが来るまで待つことは思いのほか難しい。情報の洪水の中にいれば、誰だって気持ちが焦る。ここで待てるかが重要となる。

田中はコンテンツマーケティングのコンサルティング会社を経営しているが、2015年に起業した時、コンテンツマーケティングという言葉は国内で全くと言ってよいほど知られていなかった。しかし、田中は米国のコンテンツマーケティング業界を見て、いずれ日本国内でも注目されるはずだと確信していた。じっくりと研究と実践を重ねた。数年後にはコンテンツマーケティングという言葉が少しずつ知られるようになった。新型コロナのパンデミックによって、対面でのマーケティング施策を展開しづらい状況となると、オンラインで（見込み）顧客との関係性を構築できるコンテンツマーケティングは、一気に注目を集めた。結果、田中の会社への相談も増加した。タイミングが訪れたのだ。

マーケティングZENは、先を急がない。機が熟すのをひたすら待つ。焦ってはいけない。ゆったりとした心持ちで、準備を続ける。タイミングはいつか必ず訪れる。その時、すぐに動けるようただただ準備するのである。

待つことができなくなった社会

哲学者の鷲田清一は、自著『「待つ」ということ』[11]で、「ものを長い眼で見る余裕がなくなった」と指摘する。

組織においては、年度計画や中期計画を定めることが当たり前となった。数値目標を設定し、短期間に成果を出すことが求められる。やり直しや修正は認められず、結果が出なければすぐに別のやり方が採用される。鷲田はこうした現代社会を「待たない社会」および「待てない社会」と表現。その上で、「時が満ちる、機が熟すのを待つ、それはもうわたしたちにはあたわぬことなのか……」と嘆く。

機が熟すのを待つ。ビジネスにおいて重要な視点であるが、このフレーズをビジネスの現場で聞く機会はほとんどない。経営層も投資家も、すぐに結果を求める。何をそんなに急ぐ必要があるのだろう。

先延ばしは「生産性の敵」かもしれないが、「創造性の源」にはなる。アダム・グラントはこう指摘する。[12] グラントによると、市場の過熱ぶりが冷める頃まで待った起業家は、成功の確率が高くなっているという。[13] タイミングが早すぎることは、必ずしも良いように働かないのだ。

本書『マーケティングZEN』の構想を練り始めたのは、4年以上前のことだった。規模の拡大を追い求めることをよしとする風潮に疑問を感じた宍戸と田中が、内発的動機を端緒とするマーケティングメソッドを開発できないかと考え、プロジェクトを立ち上げた。定期的に議論を重ね、識者らに教えを請い、様々な土地を旅する中で、マーケティングZENの輪郭がはっきりしてきた。

当初はZENではなく別の表現を使っていた。しかし、現代のビジネス界は禅に学ぶべきことがあまりにも多いとの意見で一致し、ある時点からマーケティングZENで統一した。ほどなくして、資本主義の限界が叫ばれるようになった。機は熟した。今こそ世にマーケティングZENの考え方を伝える時だ。そう考え、執筆に着手した。

4年という年月は、一昔前からすれば、決して長くはない。しかし、多くの人が思考と余白を放棄した現代からすれば、あまりにも長いのかもしれない。

自然の流れに身を任せよう

我々は答えのない時代に生きている。高度経済成長期においては、国を挙げて製造業に注力することで、国力が高まっていった。やるべきことが決まっていた。答えのある時代であった。

しかし、現代においてすぐに正解を手に入れることはできない。じっくりと腰を据えて取り組み、何度も失敗を繰り返した結果、おぼろげながら進むべき方向性が見えてくる。「正解」ではなく、あくまで「方向性」だ。これだけ不確定要素が多く、社会や経済が流動的となった今、正解はもはや存在しない。

周囲の情報に惑わされていては、じっくりと腰を据えて取り組むことはできない。ネット検索すれば答えが手に入るという思い違いを手放し、正しい時間軸を取り戻すことが求められる。

電車に乗ったり、SNSを覗いたりすると分かるが、私たち現代人のほぼ全員が、モノや情報の「依存症」になっている。そして、「依存症患者」を念頭に置いたビジネスが蔓延している。明らかにビジネス倫理に反しているが、残念ながらこの流れは今後加速していくだろう。精神科医のアンデシュ・ハンセンが『スマホ脳』で指摘しているように、SNS企業の多くが、行動科学や脳科学の専門家を雇うような世の中なのだから。[14]

著書『ぼくはお金を使わずに生きることにした』が世界中でヒットしたマーク・ボイルは、近著『ぼくはテクノロジーを使わずに生きることにした』の中で、モノや情報だけでなく、「時間」さえも手放したことを明かしている。スマホやパソコン、インターネットのみならず、時計も存在しない生活に身を置いたのだ。朝日と共に目覚め、日没と共に外での作業をやめる。本来、人類が送っていた生活に戻った結果、それまで浅かった眠りが、深くなったという。

ロルフ・ドベリは、自著『News Diet』の中で、ニュースが砂糖と同じくらい有害であると紹介。その上でネガティブなニュースは個人の心配事をより深刻化させると指摘している。他方、ニュースを断つことで、心の平静が深まり、より明晰な思考ができるようになると、ドベリ自身の経験をもとに述べている。

モノを手放し、不要な情報を断つ。そして、週に1度はスマホを持たずに自然の中に身を置く。ビジネスやマーケティングに携わる者としては、「人として自然な状態」を保つ努力が不可欠といえよう。

モデルチェンジを急がない

鋳造メーカー「愛知ドビー」（名古屋市）が手がける「バーミキュラ」は、料理人や料理研究家から主婦まで、幅広い層に支持される鋳物ホーロー鍋だ。0・01ミリ単位の精密加工によって実現した高い密閉性が、甘みや旨みといった素材本来の味を引き出す。簡単な調理で、有名レストランのような味わいの料理が仕上がる。田中は自宅で愛用しているが、海外メーカーの同様製品よりも、料理の味が良くなると感じる。

バーミキュラのレストランで提供されたデザート（名古屋市中川区）

愛知ドビーでは、じっくりと時間をかけて製品を開発する。機能やデザインに徹底的にこだわり抜き、時に製品開発に3年以上かけることもあるという。同社副社長の土方智晴は、「より良い製品をつくること」ではなく、スピード重視で「モデルチェンジすること」が目的化している風潮に疑問を抱いていたと明かす。そこから「自分たちが世界最高の製品だと思えるまでは発売しない」という哲学が生まれた。同社は少なくとも10年はモデルチェンジしないと決めている。[15]

土方が指摘しているように、メーカーは短いスパンでのモデルチェンジを繰り返すことにより、顧客に何度も購入してもらうことを目指す。「世界最高の製品」を世に送り出したのであれば、そうそう新製品は必要にならないはずだ。しかし、モデルチェンジありきのビジネスを展開しているケースは枚挙にいとまがない。本当は買い換える必要がないものであっても、マーケティングの力で購入を促す。顧客の負担は増え、地球環境にも悪影響を及ぼす。

ビジネスでは前のめりになってはならない。じっくりと腰を据えて「本物」をつくろう。

アジャイルマーケティングは正義に非ず

「アジャイルマーケティング」という概念がある。アジャイルとは、英語で「素早い」「機敏な」を意味する形容詞である。アジャイルマーケティングは、目標に向かって機敏な動きでマーケティング施策に取り込み、時に柔軟に対応するマーケティングアプローチを指す。[16] 米国では浸透しており、日本でも数年ほど前からよく聞かれるようになった。

米国式のマーケティングを学んだ田中は、かつてアジャイルマーケティングを信奉していた。先行き不透明な時代だからこそ、とにかく手を動かし、機敏に対応することこそが正義だと信じて疑わなかった。

ところが、日本でコンテンツマーケティングコンサルタントとして活動する中で、うまくいかないケースが出てきた。「とにかく急いでください」「いついつまでに、これとこれをやってください」とクライアントを急かす。うまくいかない施策があると、すぐさま方針転換して「こういった理由でうまくいかなかったと考えられるので、次はこの施策に取り組んでみましょう」などとアドバイスする。朝令暮改とまではいかないが、途中でやることを変えてもらったり、新しい施策を導入したりすることもあった。

もちろん、目標に向かってのことではあるが、現場が混乱することは火を見るよりも明らかである。アジャイルマーケティングは、時に強迫観念ともなる。焦りがミスを生み、誤った判断へと導く。

フェイスブックにツイッター、ティックトック、ユーチューブ、ポッドキャスト。情報発信のチャネルは無数に存在する。チャネルにもトレンドがあり、あるチャネルが流行すればそれに皆飛びつく。しかし、それは本質的とはいえない。

顧客とじっくり向き合い、ライフスタイルを詳細に分析する。加えて、自社ブランドとチャネルの相性を検討する。そうすれば自ずとじっくりと腰を据えて注力すべきチャネルは定まってくる。

場合によっては半年以内で結果を出すことが求められるマーケティング業界。しかし、マーケティングに「銀の弾丸」は存在しない。じっくり時間をかけて取り組むことで、少しずつ結果につながっていくのが、本来のビジネスのあり方だ。

物事は常に変化する

物事に永遠はない。当たり前のことである。ところがビジネスやマーケティングにおいては、不思議と「想定外」が起こらない前提で先を考えてしまいがちだ。

マーケティングにおける最も基本的な分析の一つ「SWOT分析」。外的環境が自社にどういった影響を与えるのかを検討する。今回のパンデミックにおいてもそうだが、大きな外的環境の変化が生じれば、改めて分析し直すことが求められる。ところが、これをやらない企業が目立つ。

確固たるビジネスモデルやマーケティング戦略が完成してしまえば、それにすがりたくなる気持ちはよく分かる。しかし、世の中は諸行無常である。良い方向へも悪い方向へも、時の流れとともに移ろいゆくことを我々は理解せねばならない。

田中が創業1年目に体験した熊本地震は、まさに諸行無常を感じさせるものであった。今もそうだが、当時、熊本に住んでいた。2016年4月に発生した熊本地震で、両親、親戚、家族、皆が被災した。経営する会社では当時、熊本のクライアントを中心にサービスを提供していた。震災によって案件の多くを失った。

精神的に不安定な日々を送ったわけだが、「まずはできることをやろう」と考え直し、被災者の支援にあたった。中学時代の同級生と福岡県から支援物資を運んだり、避難所となっている小学校を回って被災者らの精神面のケアをしたり。会社のことを考える余裕もなかったというか、現実逃避をしていた部分もある。

苦しい時期を経て、会社の方針を大きく変えた。当初は熊本を中心に仕事をすると決めていたのだが、東京を含む県外の仕事も積極的に請け負うことにした。マーケティングの勉強のため、海外へも積極的に足を運んだ。震災から2年間の記憶がほとんどないくらいに、無心で動き回った。

2022年現在、会社は8期目に入った。今では全国にクライアントを抱え、海外のマーケティング業界とのつながりも太くなった。諸行無常。田中の体にはこの4文字が深く刻まれている。熊本地震について、良かった悪かったなどと評価するつもりはない。ただ、何かのきっかけで、いろんな物事が変化する。今ではこのことを感覚的に理解している。

人も企業も、年月と共に保守的になりがちである。すると、変化を拒むようになる。外的環境の変化に見て見ぬふりをするようになる。撤退すべき場面で撤退できなくなる。「ゆく川（河）の流れは絶えずして、しかももとの水にあらず」。鴨長明が『方丈記』にこう書いたのは1212年のこと。800年が経ち、日本人は無常観を失ってしまったのか。諸行無常を理解した上で、マーケティングに取り組みたい。

注

1 Interesting Engineering, Nov 11, 2021「Jeff Bezos Will Soon Bring Us a 10,000 Year Clock Inside a Mountain」 https://interestingengineering.com/innovation/jeff-bezos-will-soon-brings-us-a-10000-year-clock-inside-a-mountain

2 『WIRED』「アマゾンのベゾスが支援する『1万年時計』は、多くの人には時間の無駄だ」 https://wired.jp/membership/2020/05/22/10000-year-clock-waste-of-time/

3 『京都・六曜社三代記 喫茶の一族』京阪神エルマガジン社、2020年

4 田中が現地を訪問。

5 『THE KYOTO』「『喫茶の一族』外伝 六曜社70年 #4 100年への薫風」 https://www.kyoto-np.co.jp/articles/thekyoto/677030

6 田中による現地取材。

7 田中による現地取材。

8 立花隆著『青春漂流』講談社文庫、1988年

9 ダークパターンの具体例については以下の書籍に詳しい。
仲野佑希著『ザ・ダークパターン ユーザーの心や行動をあざむくデザイン』（翔泳社、2022年）

10 ヤン・カールソン著、堤猶二訳『真実の瞬間 SAS（スカンジナビア航空）のサービス戦略はなぜ成功したか』ダイヤモンド社、1990年

11 鷲田清一著『「待つ」ということ』角川選書、2006年

12 アダム・グラント著、楠木建訳『ORIGINALS 誰もが「人と違うこと」ができる時代』三笠書房、2016年

13 同前

14 アンデシュ・ハンセン著、久山葉子訳『スマホ脳』新潮新書、2020年

15 バーミキュラのパンフレットより。

16 『日経クロストレンド』「８０００に達したマケテクツール、どれを選びどう組み合わせるか」https://xtrend.nikkei.com/atcl/contents/18/00109/00090/

付記「マーケティングZEN式」心身を整える方法

マーケティングZENは、自分の内側の声に耳を澄ませることが第一歩となる。心身を整えることで、より内側の声が聞こえやすくなる。ここでは、その方法として、共著者2人が実践する坐禅・瞑想の方法、心身を整えるライフスタイルおよび実用アイテムの順に紹介する。また、本書の理解を深めるためのお薦め書籍についても記す。

著者の坐禅・瞑想法

宍戸は、毎朝自宅の和室で坐禅を組む。坐禅は型が重要である。正しい姿勢を取れるよう必ず坐蒲《ざふ》を使用する。

手順はこうだ。坐蒲の上で足を組んだら、ゆっくりと背伸びをして背中と周りの筋肉をほぐしていく。腰骨を立てる。背骨の一つひとつを積み上げていく。背骨だけで重たい頭蓋骨を支える。一番楽な姿勢となる。

ゆっくりと呼吸に意識を向けていく。まずは鼻から吐ききる。ゆっくりと間《ま》を持って鼻から吸っていく。吐く時は贈り物を地球に届けるイメージを、吸う時は地球からの贈り物を受け取るイメージを持つ。

呼吸が整ったら、体の感覚に意識を向ける。体を観察していく。身体感覚への気づきを得る。雑念がわいてきたら、再び呼吸に意識を向ける。今ここ、今あることを意識する。だんだん自分という存在を拡張させていく。周囲と溶け合っていく。ただただ、ある。

宍戸の場合、ここまでおおよそ15~20分。忙しい時は3~5分程度のこともある。

田中は、毎朝欠かさず5~10分程度瞑想している。様々な瞑想法や坐禅を試してきた。試行錯誤の末、自分にとって時間的にも肉体的にも負担が少なく、毎日続けやすい以下のやり方に落ち着いた。

膝がちょうど90度になる程度の高さの椅子に腰掛ける。2度腰を軽く浮かせ、骨盤の上に背骨を乗せる。肩の力を抜く。両手を合わせて、軽くお辞儀する。太ももの上で手を組む。半眼になり、目線を1・5メートルほど先の床に送る。

呼吸だけに意識を向ける。呼吸しようとするのではなく、自然な呼吸に身を任せる。鼻先から出て、入ってくる。空気の流れを感じる。

頭を空っぽにする。頭のスイッチをオフにするイメージだ。とはいえ、雑念もわいてくる。雑念がわいた事実に意識を向ける。呼吸に再び意識を向ければ、雑念を受け流すことができる。

時間は気にしない。スマホのタイマーを使用しようとすると、設定時にスマホに意識が向いてしまい、集中力が低下する。タイマー使用中は「あと何分かな」と気になってしまう。朝早起きして余裕を持って瞑想すればいい。

自然の中に身を置いた際も、積極的に瞑想する。この原稿を書いている日の朝、山を走っていたら岩の上を水がちょろちょろと流れているのを見つけた。水の音が心地よかったので、倒木に腰掛けて瞑想した。都内に滞在している際も、日比谷公園などを走った後に、公園内の椅子で瞑想する。自然の中だと瞑想の深さが違う。

移動が続いて疲れがたまってきたら、朝に加えて寝る前にも瞑想する。田中は、2枚組CD『ディープリラクゼーションヨガニドラー　寝たまんまヨガで簡単瞑想』(ロハスインターナショナル)を愛用している。その名の通り、ベッドで横になったまま簡単に瞑想できる。ノイズキャンセリング機能のないイヤホンの使用がお勧めだ。女性のガイド音声を聴きながら進めていく。体に力を入れてから脱力したり、体の各部位に意識を向けたり。途中で寝落ちしたことが何度もある。田中の場合、ほぼ確実に熟睡でき、翌朝疲労が回復している。

瞑想法は相性がある。特定の瞑想法について、人によって合う・合わないがあるのだ。また、その時の自分の状態によっても変わってくる。様々な瞑想法を試した上で、その時の自分に合った瞑想法を実践したい。

ライフスタイルを整えることで、マーケティングZENのプロセスをよりスムーズに進めることができる。まずは自分自身を整えなければ、内発的動機と出合うことも、ビジネスを整えることもできない。

心身を整える生活

スマホに入れるアプリは最小限にとどめたい。「暇つぶし目的」のアプリは徹底的に削除する。自ずとSNSやニュースといったアプリは削除の対象となる。ただし、自分の仕事に関係があるなど、目的がはっきりしているアプリについては例外扱いとする。

情報は主体的かつ時間を決めた上で収集する。受動的に情報を受け取ることほど、自分を失わせる行為はない。あくまで能動的に、目的をはっきりさせた上で情報収集にあたる。グーグルアラートを使えば、仕事に関係のあるキーワードを含むウェブ記事やウェブページが、1日に1回まとめてメールで届く。田中は「コンテンツマーケティング」などを登録している。終わりのないニュースプラットフォームは見ない。田中はマーケティング関係、もしくは仕事で関係のある国のニュースサイトを、主体的に短時間でチェックしている。

アプリや情報に限らず、あらゆるモノを手放していきたい。極力荷物や所有物を少なくすることで、精神的に自由となれる。自分自身と向き合う環境ができる。モノはより少なく、より軽くを目指す。田中は出張時、できるだけ軽量かつ機能的なアイテムを選ぶようにしている（本書はマーケティングの本であるため個別具体的な製品名には触れない）。1カ月ほど海外に滞在する際も、30リットル台のバックパック1つに収まる荷物量を心がけている。両手が自由に使えることで、フットワークが軽くなる。その土地や現地の人々との境界線が薄くなっていく。マーケティングZENの世界観に近づいていく。

作業部屋には仕事の妨げとなるものを置かない。机の上はできる限り整理する。東京滞在時は、仕事に集中する環境を作るのが難しいこともある。田中が重宝しているのが「Think Lab（シンクラボ）」（東京・銀座）だ。「一人で深く考えるためのソロワーキングスペース」をうたう、唯一無二の施設である。アイデアを出したい時は「発散思考」のブースを、執筆に集中したい時は「収束思考」のブースを使う。施設内は私語厳禁で、電話やウェブ会議は一切できない。川の水が流れる音や鳥がさえずる音が、適度な音量で聞こえてくる。柑橘系の香りが漂う。至るところに観葉植物が置かれている。漫画『ドラゴンボール』の「精神と時の部屋」が想起される。同部屋の中は時間の進み方が早く、外界の1日が、部屋の中では1年間に相当するという設定だ。これには及ばないが、田中の場合、シンクラボは雑音の多いカフェと比較して3倍以上仕事がはかどる。本書の執筆追い込み時、大いに救われた。

宍戸と田中は、プライベートでトレイルランニング（トレラン）に取り組んでいる。舗装された道を走るのとは異なり、トレランの場合、山道を走ることになる。足下や周囲の環境に常に意識を向けていなければ、けがをしかねない。いやがおうにも今ここに意識を向けさせられる。走っているうちに、だんだん山と一体化していく。自分も山も地球も宇宙もすべて同一であることを理解できる。走った後は、1週間ほど集中力が持続する。

宍戸は、ヨットにも取り組む。刻一刻と変わる波や風の状態を観察し、正確に状態を捉える。自分自身の身体感覚を研ぎ澄ませる。ヨットという自分を拡張した乗り物にも意識を向ける。これだけのことを同時にやる。過去や未来を手放し、今ここに意識を向けなければ、とても感覚が追いつかない。宍戸は、ヨットがマインドフルネスのエクササイズとしても有効であると考えている。「マインドフルセーリング」と名付け、情報発信に取り組んでいるほどだ。

トレランにしてもヨットにしてもそうだが、宍戸と田中は、時間があれば自然の中に身を置くようにしている。宍戸は少しでも時間ができれば、鎌倉の材木座海岸を散歩する。足裏から伝わってくる砂浜の感触。全身に当たる海風。異なるリズムで押し寄せる波の音。感覚が研ぎ澄まされていく。田中は、時間を見つけては公園など自然のある場所に足を運ぶ。熊本では湖でカヤックを漕ぐこともある。出張時は、雨さえ降らなければ外を走って自然を感じる。宿を取る際は、走って10分以内に海、川、湖、公園、山などの自然がないか、グーグルマップでチェックすることも多い。2022年に何度か滞在したロンドンでは、ランニング中に偶然見つけた川沿いの小道で、ウサギやリスと出会い、癒やされた。朝、自然に触れると、集中が1日持続する。

田中は、古い友人知人に手紙を書く。手紙を書く時間は、相手のことだけを考える時間である。ゆっくりと相手と向き合う。自他非分離の原則から言えば、手紙を書く行為は自分自身と向き合うことでもある。手紙を書いた後は、不思議と頭がクリアになる。アイデアが次々と降りてくる。現代人がせわしなく行動するようになったのは、手紙の文化が薄れていっているからだと感じる。

心身を整えるアイテムやアプリ

田中は、本書でも取り上げた二方屋のおりん「舞妓りん」を持ち歩いている。毎朝の瞑想時に使用しており、海外渡航時も持参する。手のひらに収まるサイズでかさばらない。りん棒で軽く叩けば、澄んだ音が鳴り響く。「もう音が止まったかな」と思っても、耳を澄ませると「くわんくわん」と音が聞こえる。空間全体が鳴っているようだ。

瞑想を始める際に鳴らす。音に意識を集中させることで、今ここへの意識が高まる。瞑想を終える際も、同様に鳴らす。瞑想の世界から現実世界へと戻る儀式のようなものだ。おりんを使用することで、切り替えがうまくいく。たとえ短時間であっても深く瞑想でき、また瞑想後すぐに活動に入れる。

田中は、マーケティングやブランディングのワークショップにおいて、ファシリテーターを務めることも多い。冒頭、参加者全員で1～3分間瞑想することがあるが、その際もおりんを鳴らすようにしている。参加者からは「瞑想に集中できた」などと好意的な意見が寄せられている。

宍戸は、シンギングボウルを自宅の和室に置いている。毎朝坐禅する前に鳴らす。倍音によって心身が整っていく。宍戸にとっては、「これから坐禅に入りますよ」という合図となっている。

嗅覚を働かせることは、今この瞬間を感じることである。宍戸は、お寺で入手した線香を好む。毎朝の坐禅の前に焚いている。円錐状の白檀のお香を焚くこともある。田中は瞑想前や就寝前、数滴のエッセンシャルオイルを専用の石に垂らすことがある。気分によってウッド系や柑橘系の香りを使い分ける。感覚が研ぎ澄まされていくのを感じる。

なかなか瞑想に入れない。そんな人におすすめなのが、瞑想デバイス「Muse（ミューズ）2」だ。脳波や呼吸の状態から、瞑想状態に入れているかどうかを可視化してくれる。

スマホで専用アプリを開いたら、ミューズ2のスイッチを入れて頭に装着する。スマホで瞑想時間などを設定し、瞑想に入る。うまく瞑想状態に入れていれば、初期設定では鳥のさえずりが聞こえてくる。一方、集中できていない場合、激しく降りしきる雨の音が聞こえる。過去の瞑想の記録が残るため、自分の状態がどのように変化してきたのか、よく分かる。どれだけの時間、瞑想状態に入れていたかを数値化してくれる。瞑想が三日坊主になってしまう人にとっては、続けるモチベーションとなる。ただし、高い数値を目指すこと自体が瞑想の目的となるリスクもあるため、瞑想に慣れてきたら数字を見ないようにするのも一案だ。もしくは日常的な使用をやめてみてもいい。

田中は以前使用していた時期があり、短時間で瞑想に入るコツをつかんだ。現在は使用していない。宍戸は、自分の状態を把握するために、現在でも時折使用する。ただし、鳥のさえずりなどが聞こえないよう、無音設定にしている。

宍戸は、スマホアプリ「Insight Timer（インサイトタイマー）」を愛用する。特に出張時に活躍する。坐禅や瞑想を始める時と終える時、アプリに入るおりんの音が鳴るように設定する。アプリでは、どれだけ瞑想したかの記録を残せるので、時折確認するようにしている。今このアプリを使って何人が瞑想しているのか、教えてくれる機能もある。試しに月曜の午前11時ごろに確認したところ、1万2000人が瞑想していることが分かった。続けるモチベーションになる。スマホアプリ「Open Zen（オープンゼン）」も、瞑想時に役立つ。宍戸が共同発起人のカンファレンス「Zen2・0」に登壇した人物らによる、瞑想ガイドなどを聴くことができる。宍戸も頻繁に使用している。

本書で紹介したキングジムのデジタルメモ端末「pomera（ポメラ）」は、文章を書くすべての職業の人にお薦めの製品だ。本書の原稿の何割かは、ポメラで書いた。ポメラがなければ、本書は完成しなかったかもしれない。とにかく文章を書くこと以外にほとんど何もできない。起動させると執筆中の文章が開く。意識を他に持っていかれることがない。すぐに執筆に入れる。

「情報に触れたい」という誘惑を我慢することは難しい。今ここに意識を集中させるための環境を整備する方が、簡単だ。パソコンだと無意識にW-i-F-iをオンにして、インターネットサーフィンをしてしまう。ポメラで強制的にインターネットができない環境にすれば、後は書くしかない。不思議なことに、ポメラを使えば長時間執筆することが苦痛でなくなる。それればかりか、快感を覚えるようになる。人はインプットとアウトプットのバランスによって心が整うことを、感覚的に理解できる。

お薦めの本

本書では、坐禅や瞑想、禅を含む、多くのビジネスパーソンにとっては馴染みの薄い分野・概念について触れてきた。ここでは、本書の理解を深めるためのお勧め書籍を簡単に紹介したい。

もし1冊しか選べないとしたら、迷わず中村元訳『ブッダの真理のことば　感興のことば』（ワイド版岩波文庫、1991年）を選ぶ。ダンマパダと呼ばれる「真理のことば」と、ウダーナヴァルガと呼ばれる「感興のことば」を収録した一冊だ。「あとがき」で訳者の中村は、ダンマパダについて「人間そのものに対する、はっと思わせるような鋭い反省を述べ、生活の指針となるような教えが述べられている」と解説する。一方のウダーナヴァルガについては、「ブッダが感興を催した結果、おのずから表明されたことば」としている。いずれも平易な訳であり、読めばすっと体に入ってくる。例えば「自己こそ自分の主である。他人がどうして(自分の)主であろうか? 自己をよくととのえたならば、得難き主を得る(原文ママ)」は、言わずもがな「主人公」について述べたものだ。『マーケティングZEN』の副読本として、これ以上の一冊はない。

ティク・ナット・ハン著、池田久代訳『沈黙　雑音まみれの世界のなかの静寂のちから』(春秋社、2021年)は、マインドフルネスの本質を学べる良書だ。著者は「心の中に静寂がなければ、心と体が騒音で満ちていたら、美しいものの呼び声は聞こえません」と指摘。その上で、マインドフルネスは心の中の雑音を鎮める練修であると解説する。

また著者は、人が毎日消費する「食べ物」は4種類あると紹介する。すなわち、食物、感覚、意志、意識だ。いずれも私たちに多大なる影響を及ぼすものである。特に「感覚」は気をつけねばならない。著者は「粗悪なテレビ番組を見たら、その番組そのものになる」とした上で、「魔法の杖などなくても、望むものになれるというのに、どうしてひどい映画やテレビ番組に心の窓を開くのですか」と疑問を投げかける。会話もまた「感覚的食べ物」に含まれる。嫌味、嫉妬、欲望まみれの人と話をしたら、「その人の絶望のエネルギーを吸い込む」という。「感覚的食べ物」を際限なく摂取していたら、内発的動機に出合うことはできない。静寂をうまく味方につけることの大切さを教えてくれる一冊である。

ジェイ・シェティ著、浦谷計子訳『モンク思考　自分に集中する技術』（東洋経済新報社、2021年）は、自分と向き合うための方法、ネガティブ思考を浄化するプロセスなど、本来の自分を取り戻すための具体的手法について解説する。例えば、無執着の項目では「執着の実態を知る」「立ち止まって考え直す」「行動を切り替える」「新しくできた時間の使い方を考える」という誰でも実践しやすい4ステップを提示する。呼吸瞑想、視覚化瞑想、チャンティング瞑想という瞑想法も解説しており、自分を見失っていると感じるビジネスパーソンにぜひ読んでいただきたい。

マーク・ボイル著、吉田奈緒子訳『ぼくはテクノロジーを使わずに生きることにした』（紀伊國屋書店、2021年）は、パソコン、携帯電話、テレビ、電動工具、ガスコンロ、蛇口の水など、あらゆるテクノロジーを手放すという挑戦を綴った意欲的な本だ。著者は、アイルランド南西部のディングル半島から5キロの沖合に浮かぶ島に、仲間と小屋を建て、自給自足の生活を始める。執筆に使うのは、パソコンではなく紙と鉛筆。うまく書けず、紙を丸めて木のかごに投げ入れる作業が繰り返される。それでも3カ月もすると、少しだけ希望が見えてくる。半年が経つ頃には、「生まれてはじめて、書く過程そのものを楽しんでいる」状態となった。完全にフローに入った状態である。日記調の文章からは、困難よりも生活を楽しんでいる様子が伝わってくる。

著者は、自身の手書き文章を不完全なものと認めつつも、「ぼく自身の考えが、ぼくなりの順序に沿って書かれている」と分析。米国のジャーナリストの発言を引用する形で、「真に危険なのは、コンピューターが人間と同じように考えはじめることではなく人間がコンピューターと同じように考えはじめること」とした上で、かつてテクノロジーに依存していた頃の自分を「サイボーグライターだった」と自嘲気味に振り返っている。テクノロジーに頼らない生活によって、著者は人間性を取り戻した。幸福とは何か。そのヒントは「人間性」にあるのだと気づかせてくれる、まさに今の時代に読むべき一冊だと感じる。

トランスパーソナル心理学の論客で哲学者のケン・ウィルバーによる『無境界　自己成長のセラピー論』（吉福伸逸訳、平河出版社、1986年）は、「自他非分離」の概念を理解する上で欠かせない一冊だ。坐禅に関心がある方は、藤田一照著『現代坐禅講義　只管打坐への道』（角川ソフィア文庫、2019年）、同前『現代「只管打坐」講義　そこに到る坐禅ではなく、そこから始める坐禅』（佼成出版社、2020年）の2冊を強くお薦めする。坐禅は型が大切であり、我流で始めるとうまくいかないこともあるからだ。マインドフルネスへの理解を深めたい方は、スティーヴン・マーフィ重松著、坂井純子訳『スタンフォード大学　マインドフルネス教室』（講談社、2016年）、チャディー・メン・タン著、一般社団法人マインドフルリーダーシップインスティテュート監訳、柴田裕之訳『サーチ・インサイド・ユアセルフ　仕事と人生を飛躍させるグーグルのマインドフルネス実践法』（英治出版、2016年）の2冊を押さえておきたい。いずれも、マインドフルネスの概念を平易な言葉で解説しており、また簡単に実践できるマインドフルネスのエクササイズを複数紹介している。

謝辞

本書は、本当に多くの方の協力のもと、完成に至りました。まず、日経ＢＰの桜井保幸さんには、企画時より的確なアドバイスをいただきました。一緒にマーケティングＺＥＮを作り上げてくださった同志だと感じています。

曹洞宗の藤田一照さん、ＰＨＡＥＴＯＮ（フェートン）の坂矢悠詞人さん、「深田久弥 山の文化館」のスタッフの皆さん、オレクトロニカの加藤亮さんと児玉順平さん、建築家の丸子勇人さん、両足院の伊藤東凌さん、江良水産の江良浩さん、二方屋の白井克明さんと昌子さん、ぱんだとねこの河野文乃さん、公認会計士の渡邉伸悟さん、sawvi（そうび）の寺坂寛志さん、漆琳堂の内田徹さん、ＪＡＤＥの伊東周晃さん、ＨＥＲＯ海の運営会社ＨＥＲＯ’Ｓの三瀬広海さん、スケートボード業界の皆さん、オーガニックガーデンＡＧのマーティン・ワイルドさん、エバードロップのダーヴィト・レーヴェさん、ビーン・ロンドンのジェニア・ミネバさん、mercari（メルカリ）Ｒ４Ｄの山村亮介さん、ファーメンステーションの酒井里奈さん、長崎スコーコーヒーパークの中島洋彦さん、グラフペーパーのスタッフの皆さん、フリージャーナリストの下村靖樹さん。そしてここにはお名前が出せませんが、全国各地の禅僧の皆さん。取材のお願いに快く応じてくださり、本当にありがとうございました。皆さんの取材協力なしには、マーケティングZENの説得力ある論は生まれませんでした。

アジア・マーケティング連盟、日本マーケティング協会の皆さんは、宍戸に鎌倉とウブドとのご縁をくださいました。このご縁によって、本書の執筆時、様々なアイデアが生まれました。

欧米のカンファレンス関係者およびカンファレンス参加者の皆さんは、マーケティングZENの世界観に共感してくださると共に、宍戸と田中に自信と本書執筆のモチベーションを与えてくださいました。日欧起業家フォーラムの皆さんは、田中がマーケティングZENをテーマにロンドンで講演させていただいた際、現場に落とし込む方法についてディスカッションの機会をくださいました。具体的なイメージが湧き、本書の内容にも反映することができました。

田中が参加するポッドキャスト番組「コンテンツマーケティングポッドキャスト」の3人は、本書を執筆するにあたって悩みが出た際、アドバイスをくださいました。田中の経営するクマベイスの野口優帆さんには、前著に引き続き資料の確認等々で助けていただきました。また、田中の他の業務をサポートしてくださったおかげで、執筆に専念することができました。

宍戸が禅に対する学びを深める機会となったZen2・0の活動において、共同代表の三木康司さんをはじめ、これまでの登壇者やボランティアスタッフなどの関係者の方々、会場とさせて頂いている建長寺の方々、そして、禅の歴史を育んだ鎌倉の関係者の全ての方々とのご縁があり、この本ができました。

これまで出会ってきたすべての人との対話やコミュニケーションが、宍戸と田中の血肉となり、本書の完成につながりました。ここにお名前を挙げさせていただいた方もそうでない方も、これまで私たちに関わってくださったすべての方に感謝を申し上げます。

最後に。本書の取材や執筆にあたっては、家族との時間を最も犠牲にしました。あまりにも多い取材のための出張に、家族と会えない時間が長く続くこともありました。執筆で挫けそうになった時は、家族の笑顔に救われました。いつも本当にありがとう。心から感謝しています。

著者

おわりに

2022年10月。宍戸の体はインドネシア・バリ島のウブドにあった。マーケティングの世界的イベント「ワールド マーケティング フォーラム」のオープニングセッションで、スピーチをすることになったのだ。

「はじめに」でも書いたように、同イベントは2021年、鎌倉・建長寺において開催された。当時、宍戸は建長寺で開催できるよう、微力ながらお手伝いさせてもらった。その時の縁で、今回招待を受けた。鎌倉、そして今回のウブド。マーケティングの世界的イベントが、精神性を大切にするこれらの地で開かれた事実を、私たちは重く受け止めねばならない。

宍戸の前にオンラインで登場したのが、「近代マーケティングの父」と称されるフィリップ・コトラーだった。プレゼンしたコトラーは、「これからは脱成長のためのマーケティングが大事になる」といった趣旨のことを口にした。脱成長。本書の取材や執筆を通して、常に共著者2人の頭の中にあった言葉だ。少しばかり興奮し、すぐに田中に連絡した。思ったよりも早くマーケティングZENが世の中に必要とされるかもしれないよ、と。

脱成長が叫ばれて久しいが、それをマーケティングの視点で、かつ具体的なアプローチを提示することが必要である。これが共著者2人の共通認識であった。脱成長の必要性はよく理解できた。でも、どうやって？ これが経営者やビジネスパーソンの偽らざる本音ではないか。

まだ時間はあると思っていた。だからこそ4年の歳月をかけて、全国、そして世界の各地を巡り、事例に触れてきた。禅僧や整った経営を実践する経営者と対話し、ゆっくりと論を鍛えていった。機は熟した。そう考え、本の執筆に入った。執筆を進める中で、論の誤りに気づいたことも多かった。共著者2人で頻繁に議論し、新しい論の有用性を確認するため、再び全国各地を巡った。実際にマーケティングに行き詰まっている人に対し、マーケティングZENの視点でのコンサルティングを提供することもした。マーケティングZENは、脱成長を持続可能な形で実現する。確信と共に執筆のペースは上がっていった。

そして2022年10月。ようやく原稿が完成した。そのタイミングで、宍戸はコトラーのプレゼンと巡り合ったわけだ。脱成長を実現させるためには、マーケティングを変えなければならない。マーケティングの大家《たいか》と同じ価値観を共有できたことが、素直に嬉しかった。

持続可能な事業を創造する、起業家精神にあふれたマーケティングが求められている。そのためにはマインドフルネスが重要である――。イベントの別の登壇者は、会場内に通る声でこう強調した。参加者全員で瞑想するセッションもあった。イベント最終日の夜には「テクノロジーの中の人間性（Humanity in Technology）」をテーマに、キリスト教、イスラム教、仏教、ヒンズー教の僧侶らが対話する時間もあった。

人間性、身体性、そして精神世界。マーケティングがこれらの分野に接近している事実が興味深い。コトラーも注目するアジアの精神文化。新たなマーケティングのあり方は、アジアから発信されていくのだと確信した。そして、マーケティングZENが、その一翼を担えたら、共著者2人にとってこれ以上の幸せはない。アジア発のマーケティング「マーケティングZEN」が、世界を救うのだ。

2023年2月吉日

著者

【著者紹介】
宍戸幹央（ししど・みきお）
鎌倉マインドフルネス・ラボ株式会社 代表取締役。一般社団法人 ZEN2.0 共同代表理事。学生時代より仏教などの人間の意識に関する古来からの叡智と量子力学などのサイエンスとの融合に興味を持ち、個人的探求を続ける。東京大学工学部物理工学科卒。同大学院修了後、日本 IBM を経てアルーの創業期に参画。講師部門の立ち上げ責任者として企業の人材育成に幅広く関わる。その後、鎌倉マインドフルネス・ラボを創業し、禅の精神やマインドフルネスを企業経営、組織開発、人材育成に活かす企業研修を展開。禅とマインドフルネスの国際フォーラム「Zen2.0」を共同代表として立ち上げ、毎年鎌倉の建長寺にて開催。

田中森士（たなか・しんじ）
コンテンツマーケティングコンサルタント。株式会社クマベイス代表取締役 CEO。ライター。熊本市生まれ、熊本市在住。熊本大学大学院で消費者行動を研究した後、熊本県立水俣高校の常勤講師（地理・歴史）、産経新聞の記者を経て、2015 年にコンテンツマーケティングのエージェンシー・クマベイスを創業した。海外のマーケティング系カンファレンスに通うとともに、世界中のマーケティング成功事例を観察。各地で得た知見をセミナーやワークショップ、講演活動、執筆活動を通し日本に伝え続けている。Forbes JAPAN Web 版、日経クロストレンド、Yahoo! ニュース個人などで執筆中。著書に『カルトブランディング』（祥伝社新書）。

マーケティング ZEN

2023 年 3 月 15 日　1 版 1 刷

著　者　宍戸幹央　田中森士
発行者　國分正哉
発　行　株式会社日経 BP
　　　　日本経済新聞出版
発　売　株式会社日経 BP マーケティング
　　　　〒 105–8308　東京都港区虎ノ門 4–3–12

ブックデザイン　中井辰也
DTP　マーリンクレイン
印刷・製本　三松堂

ISBN978-4-296-11747-5